Lars Westerlund

OTTO V. ZWEHL

Aue-säätiön julkaisuja

Skrifter utgivna av Aue-Stiftelsen

Veröffentlichungen der Aue-Stiftung

30

OTTO V. ZWEHL

Deutscher Artillerieoffizier,
Handelskammersyndikus, „Mischling" und Finnlandfreund

Lars Westerlund

OTTO V. ZWEHL

Deutscher Artillerieoffizier,
Handelskammersyndikus, „Mischling“ und Finnlandfreund

Lars Westerlund

Übersetzung aus dem Schwedischen:
Helene Nygard und Robert Schweitzer

Aue-Stiftung
Helsinki 2016

Unter dem Serientitel Aue-säätiön julkaisuja / Skrifter utgivna av Aue-Stiftelsen / Veröffentlichungen der Aue-Stiftung wird seit der Namensänderung des Urhebers die Schriftenreihe Saksalaisen kulttuurin edistämissäätiön julkaisuja / Skrifter utgivna av Stiftelsen för främjande av tysk kultur / Veröffentlichungen der Stiftung zur Förderung deutscher Kultur ab Stück 10 fortgesetzt.

ISBN 978-952-68042-3-1 (brosch.)
ISBN 978-952-68042-4-8 (PDF)
ISSN 1787-6154

Bildnachweis: Alle Bilder mit freundlicher Genehmigung aus dem Privatbesitz der Familie Faulmüller
Layout und Umschlag: Uta-Maria Liertz
Druck: BoD - Books on Demand, Norderstedt, Deutschland

Inhalt

Vorwort

Otto v. Zwehl (1894-1960) kam im Frühjahr 1918 als 24-jähriger deutscher Artillerieleutnant nach Helsinki (Helsingfors). Er gründete hier eine Familie und wirkte im Zeitraum 1924-1940 als Direktor der Deutschen Handelskammer in Finnland. Obgleich er das deutsche Regime auch nach 1933 unterstützte, strebte er danach, die nationalsozialistische Finnlandpolitik zu mäßigen und sie den besonderen finnischen Verhältnissen anzupassen. Otto v. Zwehls einigermaßen unkonformistisches Handeln zielte dahin, die deutschen Vorstöße für die Bürger Finnlands sowohl besser akzeptabel zu machen als auch deren Wirkung zu erhöhen.

Nach Ausbruch des Winterkrieges schloss er sich als Freiwilliger der finnischen Armee an und diente mit seiner Batterie an der Front bei Summa. Er war einer der nur 15 freiwilligen Reichsdeutschen im Winterkrieg und zog sich dadurch die äußerste Unzufriedenheit des deutschen Regimes zu. Nach dem Winterkrieg wurde er finnischer Staatsbürger. Vor Ausbruch des Fortsetzungskrieges nahm ihn die deutsche Regierung in Gnaden wieder auf. Er erhielt ohne eigenes Ansuchen die deutsche Staatsbürgerschaft zurück und wurde als finnischer freiwilliger Verbindungsoffizier im Stab des Kommandanten des rückwärtigen Armeegebiets (Korück 525) des Armeeoberkommandos (AOK) 20 (20. Gebirgsarmee), eingesetzt. Ab 1943 diente er in der Abwehr. Wie die meisten deutschen Militärpersonen in Südfinnland wurde er im September 1944 nach Deutschland evakuiert, erhielt jedoch in Schweden Aufenthaltsbewilligung. Er wohnte mit seiner Familie einige Jahre in der Gegend von Vallentuna und kehrte 1949 nach Helsinki zurück. Bei Gründung der westdeutschen Handelsvertretung wurde Otto v. Zwehl 1953 Handelsattaché. Er starb 1960.

Da Otto v. Zwehl seine Erinnerungen aufgeschrieben hat, sind große Teile seines Lebens dokumentiert. Diese Studie zeichnet seinen Lebenslauf nach und analysiert seine Rolle und Bedeutung in Finnland. Sie beleuchtet sowohl seine öffentliche Stellung als auch seine Familienverhältnisse. Otto v. Zwehl ist auch aus dem Grund von besonderem Interesse, dass er ein sog. „Mischling“, in seinem Fall ein Vierteljude, war, etwas, das während der nazistischen Vorstöße in den 1930er Jahren seine Stellung sehr erschwerte und einen wichtigen Hintergrund für sein Handeln im Winterkrieg bildet. Nachdem er damals auf eine unkonventionelle Weise handelte, wurde er in den Jahren 1940-41 innerhalb der tonangebenden deutschen Kreise in Finnland als jemand betrachtet, der die Sache des Dritten Reichs verraten hatte. Von den Bürgern Finnlands wurde er dagegen sehr geschätzt, wie insgeheim auch von einem Großteil der Finnlanddeutschen.

Redaktionelle Vorbemerkung

Orts- und Ländernamen sind in der finnischen Form wiedergegeben; die schwedische wird bei der jeweils ersten Erwähnung innerhalb eines Absatzes in Klammern nachgestellt. (Die schwedische Entsprechung zu Helsinki wird nur einmal angegeben,der Name des Gutes Håkansböle nur schwedisch.) Gibt es auch einen deutschen Ortsnamen, wird dieser durchgängig verwendet; finnische und schwedische Form stehen bei der ersten Erwähnung in Klammern. Bezeichnungen für allgemein bekannte geographische Begriffe außerhalb Finnlands stehen nur in deutscher Sprache; andernfalls folgt auf die deutsche und / oder finnische Bezeichnung (wenn vh.) die Benennung in der heutigen Staatssprache.
Personennamen sind bei der ersten Erwähnung in einem Oberabschnitt kursiv gesetzt.

Literaturangaben in Fußnoten werden nur mit Verfassernamen oder Kurztitel gemäß Literaturverzeichnis bezeichnet. Die Bezeichnungen von Archiveinheiten stehen in der im betreffenden Archiv üblicherweise verwendeten Sprache und werden nur bei der ersten Erwähnung übersetzt; beschreibende Archivalienbezeichnungen stehen auf Deutsch.

Folgende Abkürzungen werden durchgängig verwendet; andere sind in ihrem jeweiligen Zusammenhang aufgelöst:

AOK = Armeeoberkommando
KA= Kansallisarkisto
RA St:m/A = Riksarkivet Stockholm, Standort Arninge
RA St:m/M = Riksarkivet Stockholm, Standort Marieberg

Finnlandkämpfer 1918

Otto v. Zwehl kam mit der deutschen Ostsee-Division, die mit dem Schiffstransport am 3.4.1918 Hanko (Hangö) anlief, nach Finnland. Am nächsten Tag, dem 4.4.1918, ging v. Zwehls Batterie als Teil des Vortrupps von Karabiniers, der entlang der Eisenbahn gegen Helsinki vorrückte, an Land. Die Division war mit einer schlagkräftigen Artillerie ausgestattet. Diese bestand aus 8 Batterien mit 34 Geschützen, 48 Offizieren, 1720 Unteroffizieren und Soldaten und 1470 Pferden. Ca. tausend Pferde wurden von der Bayerischen Gebirgsartillerie verwendet.[1]

v. Zwehls Batterie ging zwei Mal in Stellung, zuerst bei Karjaa (Karis) und dann bei Leppävaara (Alberga). Nach der Einschätzung von Otto v. Zwehl war die Wirkung des Feuers effektiv. Gut in Helsinki angekommen, ging eine Batterie beim Nationalmuseum in Stellung und beschoss aus kurzem Abstand die Turku (Åbo)-Kaserne, wo heute der Glaspalast steht. Otto v. Zwehls Batterie ging am 13.4.1918 bei der Zuckerfabrik Töölö (Tölö), in der Nähe der heutigen Nationaloper, gegen die Lange Brücke (Pitkäsilta / Långa bron) an der Töölö-Bucht, in Stellung. Sie beschoss das Haus des Helsinkier Arbeitervereins auf Siltasaari (Broholmen) aus 900 m Entfernung. Es genügten nur 3 Granaten, um einen Brand auszulösen, der von der Feuerwehr rasch gelöscht wurde.[2] Im A-Saal des Hauses befanden sich 200-300 Männer, die die Rote Garde zur Teilnahme gezwungen hatte und die sich nur widerwillig fügten. Obwohl die Granaten durch die Fenster einschlugen, wurde niemand verletzt, da die Männer rasch hinter der Fensterwand Schutz suchten.[3] Die Batterie schoss auch die Spirituosenfabrik Maexmontan gleich südlich der Langen Brücke in Brand[4], aber davon erwähnt Otto v. Zwehl nichts.

Bei der Eroberung der Langen Brücke, des Schwedischen Theaters und des Schwedischen Reallyzeums in der Elisabethstraße (Liisankatu /Elisabetsgatan) verwendete der deutsche Befehlshaber gut an die 200 gefangene Rote als menschliche Schutzschilde.[5] Die Menschenverluste der Roten Garde in Helsinki und der nächsten Umgebung vom 12.-13.4.1918 wurden mit ca. 400 geschätzt, wogegen die Zahl der gefallenen deutschen Soldaten 58 betrug. Die Hauptursache für die fünffachen Verluste der Roten im Verhältnis zu denen der deutschen Armee war das Fehlen von kampferfahrenen Truppen. Die rote Führung war deshalb genötigt, unerfahrene und ältere Männer einzusetzen; ein Drittel der getöteten

[1] Butz 1938, 222-227.
[2] v. Zwehl: Erinnerungen 1940, 6.
[3] Hoppu 2013, 319-320.
[4] Ibid. 242.
[5] Ibid. 195-196, 248-254, 316-317.

Rotgardisten bestand aus 40-70jährigen. Im Mai 1918 erreichte die Anzahl roter Gefangener in Suomenlinna (Sveaborg), Santahamina (Sandhamn) und Helsinki ca. 8000.[6] Mindestens 1500 davon starben oder wurden später hingerichtet.[7]

360 deutsche Soldaten, die an den Kämpfen in Finnland im Frühjahr 1918 teilnahmen, fielen. Wenn davon ausgegangen wird, dass der Anteil der gefallenen Rotgardisten, die auf deutsche Truppen stießen, das Vierfache betrug, würde dies bedeuten, dass ca. 1500 Rotgardisten fielen. Da die totalen Kriegsverluste an Gefallenen der Roten Garde ca. 5700 Mann betrugen, scheint es, dass ein Viertel im Kampf mit Deutschen gefallen ist.[8]

Als die deutschen Truppen im April 1918 ihren Feldzug im finnischen Krieg antraten und nach einem neuntägigen Marsch Helsinki einnahmen, wankten bereits sämtliche Fronten der Roten unter der weißen Übermacht. Die Möglichkeiten der Roten Garde, auch noch die vorwärtsdrängenden deutschen Angriffsspitzen zu bekämpfen, waren deshalb gering, und sie erlitt aus diesem Grund eine totale Niederlage. Auch wenn der deutsche Einsatz für den Ausgang des Krieges eine große Rolle spielte, war er in militärischer Hinsicht nicht besonders bemerkenswert, da er sich gegen einen bereits unter Druck stehenden, im Rückzug befindlichen Gegner richtete.

Zeichnung einer deutschen Gebirgsartillerietruppe bei Grejus in Haaga / Haga auf dem Weg nach Helsinki / Helsingfors. Sie wurde von Alexander Federley angefertigt und lässt mit ihren weichen Konturen, der anheimelnden Farbgebung und dem romantisierenden Stil an Carl Larssons Gemälde mit kleinbürglich-intro-vertierten Idyllen denken. Sie illustriert die begeisterte Einstellung des schwedischsprachigen Establishments in Helsinki zur deutschen militärischen Intervention 1918.

Mit der Einnahme von Helsinki war die Teilnahme von Otto v. Zwehl an den aktiven Kriegshandlungen vorüber, da er den Befehl erhielt, einen neuen Artillerieverband, bestehend aus finnischen Freiwilligen und russischen Geschützen, aufzustellen. Deshalb verbrachte er die Zeit bis zum Jahresende bei Perkjärvi auf der Karelischen Landenge und in Lappeenranta (Villmanstrand). Als der Batteriechef, Oberstleutnant *Ludwig Greim* aus München am 28.4.1918 in Syrjäntaka fiel, wurde v. Zwehl zu

[6] Ibid. 385.

[7] Mäkelä / Saukkonen / Westerlund 2004, 117.

[8] Roselius 2004, 167-176; Roselius 2006.

dessen Nachfolger bei der Bayerischen Gebirgskanonenbatterie 12 ernannt. Ende Dezember 1918 kehrte die Ostsee-Division mit Pferden, Geschützen und Ausrüstung auf dem Frachtdampfer Worms nach Deutschland zurück. Aufgrund einer Havarie musste der Dampfer nach Karlskrona bugsiert werden, jedoch ertranken alle Pferde, als sich das Schiff mit Wasser füllte.[9]

Die Niederschlagung der bayerischen Arbeiterrepublik im Frühling 1919

Nach der Ankunft in Oberbayern in Deutschland zu Beginn des Jahres 1919 wurde die Mannschaft in die Heimat entlassen, v. Zwehl verblieb jedoch im Dienst. Eine Arbeiterrevolution hatte stattgefunden, und ein Arbeiterrat hatte im März, April und Mai 1919 in München die Macht inne. In dieser Zeit schloss sich v. Zwehl dem Freikorps Probstmayer unter Major *Theodor Probstmayer* in Ulm an. Er kommandierte zuerst eine Artillerieabteilung, bestehend aus Offizieren, und war später als Abteilungsordonanzoffizier in Augsburg und München. Die Einnahme dieser Städte und Abrechnung mit den Spartakisten bezeichnete v. Zwehl als blutiger als im Falle von Helsinki.[10] Eine besonders große Rolle spielte das Freikorps Epp unter Oberst *Ritter v. Epp,* in dessen Reihen sich auch der damalige Hauptmann *Eduard Dietl* befand, der von 1942-1944 als Kommandeur des AOK 20 in Finnland wirkte.[11]

Ein Freikorps zieht im April 1919 nach München durch den Stadtteil Schwabing ein, in dem die Familie v. Zwehl wohnte.

Otto v. Zwehl nennt keine Details der Niederschlagung der Arbeiteraufstände in Finnland oder Deutschland, aber wahrscheinlich erlebte er zumindest die Folgen der Erschießungen aus der Nähe. Nachdem das Freikorps Probstmayer in den Übersichten über die Niederschlagung der Räteherrschaft in München jedoch nicht einmal erwähnt wird, kann man annehmen, dass dessen Einsatz recht gering war.

Gemäß einer vorsichtigen Berechnung wurden während der Niederschlagung der Arbeiterregierung in München im Frühling 1919 insgesamt 68 Angehörige der Frei-

[9] v. Zwehl: Erinnerungen 1940, 6.

[10] Ibid. 7.

[11] Oertzen 1936, 425; Jones 1987, 139-145; Heinemann 1995, 99.

korps und 1000 – 1200 Rote getötet. Die meisten der Letztgenannten wurden in den Straßen erschossen, während eine Anzahl von ca. 10 – 30 durch Standgerichte gefällten Todesurteilen hingerichtet wurden.[12] In seinen Erinnerungen erwähnt v. Zwehl kurz, wie er Rote in Helsinki und Spartakisten in Deutschland bekämpft hat und beide Gruppen „aufrichtig hasste". Offensichtlich ist auch, dass es eine direkte Verbindung zwischen dem intensiven Freikorpsgeist in München und der starken Durchschlagskraft der nationalsozialistischen Bewegung in der Region gibt.[13] Unter den Gegnern, die vom roten Regime in München gefangen genommen wurden, befanden sich *Rudolf Hess* und *Adolf Hitler,* und einige Jahre später fand gerade dort am 8./9.11.1923 der sog. Bürgerbräu-Putsch statt.

Freikorpsleute mit einem Transport gefangener Spartakisten 1919.

Sozialwissenschaftliche Studien in Deutschland 1919-1921

Otto v. Zwehl hatte bereits nach seiner Rückkehr nach Deutschland Anfang 1919 ein sozialwissenschaftliches Studium aufgenommen und legte im Frühjahr 1921 sein *doctor rerum politicarum*-Examen an der Julius-Maximilians-Universität Würzburg ab. Eine höhere Meinung über sein Examen hatte er jedoch nicht; er erzählte nämlich, dass er sein „inhalts- und wertloses" Examen im Galopp abgelegt hat.[14] In seinen Erinnerungen erwähnt v. Zwehl nicht einmal seine Abhandlung über das sozialpolitische Thema „Das Münchener Wohnungsamt in seinen Maßnahmen zur Bekämpfung der Wohnungsnot".[15] Die 116 Seiten lange Abhandlung wurde nicht gedruckt, sondern in Maschinenschrift vorgelegt. Nach der Geringschätzung seiner Dissertation durch v. Zwehl kann man annehmen, dass die Abhandlung nicht gut bewertet wurde; vielleicht waren seine akademischen Leistungen von der Art, dass er sich nicht mit Stolz daran erinnerte.

[12] Waite 1952, 90; Jones 1987, 144.
[13] Oertzen 1936, 352-353.
[14] v. Zwehl: Erinnerungen 1940, 7.
[15] v. Zwehl 1921.

Sein älterer Bruder *Hans Karl v. Zwehl* (1884-1966) war ebenfalls Berufsoffizier und Forscher. Dieser veröffentlichte u.a. den Artikel „Der Dolchstoß in den Rücken des siegreichen Heeres" in der Weihnachtsausgabe 1921 der Konservativen Monatsschrift.[16] v. Zwehls Bruder war somit ein Anhänger der sog. Dolchstoßlegende, nach der die Novemberrevolution und die Sozialdemokraten in Berlin 1918 die Fortsetzung des Kampfes der unbesiegten Feldarmee sabotierten. Hitler war völlig überzeugt von der Dolchstoßlegende, die ein wichtiges agitatorisches Element in der populären Anziehungskraft des Nationalsozialismus wurde. Später, 1937, doktorierte Hans Karl mit einem militärpolitischen Thema mit Anknüpfung an die Napoleonischen Kriege, „Der Kampf um Bayern 1805. Der Abschluss der bayerisch-französischen Allianz".[17]

Familiengründung und Wohnungen in Finnland 1921

Otto v. Zwehls neue Familie. Als v. Zwehl im April 1918 in Hanko (Hangö) eintraf, wurde seiner Batterie der Student *Carl Sanmark* (1894-1938) aus Helsinki, der auch als Amanuensis der Universitätsbibliothek tätig war, als Dolmetscher zugeteilt. Dieser war Jägeranwerber und hatte auch dem sog. Pellingekorps angehört, das im März 1918 die Ostsee über das Eis nach Estland überquerte und mit der Ostsee-Division über Danzig nach Finnland zurückkehrte.[18] Er wohnte in dem Eigentumswohnungskomplex „Orion", Bulevardi 13, auch Sanmarksches Haus genannt, das 1910 erbaut wurde.[19] Otto v. Zwehl traf dort die Schwester seines Dolmetschers, *Beate Sophie Sanmark* (1897-1979) und die beiden fanden Gefallen aneinander. Am 7.1.1921 fand die Hochzeit statt, wonach in den 1920er Jahren 3 Töchter geboren wurden: *Maria* 1922, *Helene* 1924 und *Beata* 1927. Die Kosenamen der beiden letztgenannten waren „Lene" und „Klein-Beati".

Otto v. Zwehl und Beate Sophie Sanmark verlobten sich 1921 im Hofgarten in München, wo diese Aufnahme entstand.

[16] Ibid.
[17] v. Zwehl 1937.
[18] Carl Sanmark död. Nekrolog, Huvfudstadsbladet 28.11.1938.
[19] Ollila / Toppari 1998.

Das Sanmarksche Haus am Bulevardi (Bulevarden). Beate Sophie erbte vermutlich mehrere Wohnungen im Haus „Orion", die vermietet wurden und bedeutende Mieteinkünfte einbrachten. Die Familie v. Zwehl wohnte in einer großen Wohnung mit vielleicht zehn Zimmern, außer Schlafzimmer und Küche je ein Salon, Speisezimmer, Herrenzimmer und Dienstbotenzimmer. Am Bulevardi wohnte vor allem die sog. bessere Gesellschaft in schönen und technisch verhältnismäßig gut ausgestatteten Wohnungen in einer Gegend mit vielen Fachgeschäften und Dienstleistungen. Eine geschichtliche Übersicht der Häuser von Orion stand nicht zur Verfügung, aber im Nachbarhaus, Bulevardi Nr. 11, das ebenfalls ein stilreines Jugendstilhaus war, gehörte 1930 ein Anteil von 26 % der Bewohner der höchsten sozialen Schicht an, 24 % der Mittelklasse, während 35 % Bedienstete und 6 % Arbeiter waren.[20] Ungefähr gleich sah es vermutlich im Sanmarkschen Haus aus.

Der Student Carl Sanmark trat in das Pellinge-Korps ein und schloss sich der Ostsee-Division auf ihrer Überfahrt von Danzig nach Hanko / Hangö an. Er war damals Dolmetscher bei der Gebirgsartillerie und konnte v. Zwehl mit seiner jüngeren Schwester Beate-Sophie bekanntmachen. Diese Begegnung band v. Zwehl für sein ganzes Leben an Finnland.

Die Villa in Kuusisaari (Granö). Die Familie bewohnte Bulevardi Nr. 13, bis v. Zwehl 1934 eine „Wintervilla" im deutsch inspirierten Stil in Kuusisaari (Granö) in der Gemeinde Huopalahti (Hoplax), ca. 7 km westlich des Zentrums von Helsinki, als Familienwohnung errichten ließ. Das Grundstück, das von einzelnen Parzellen steuerpflichtigen Grundeigentums in Munkkiniemi (Munksnäs) abgetrennt worden war, wurde 1932 gemeinsam von Beate Sophie, ihrer Schwester *Emelie v. Wachter* und ihrem Bruder Carl für 325.000 Mark gekauft – eine Summe, die heute fast 120.000 € entspricht. Es bestand aus 3 Liegenschaften, Beateberg I.1, I.2 und II.[21]

Das Einfamilienhaus erwies sich jedoch hinsichtlich der Verkehrsanbindung als nicht sonderlich zweckentsprechend. Mit 3 Töchtern im Schulalter musste v. Zwehl an jedem Arbeitstag dreimal mit dem Auto von Kuusisaari ins Zentrum und zurück

[20] Sipponen 2003, 39, 47, 50, 53.

[21] Ulkomaalaisen omaisuuden hoitokunta [Verwaltungsdirektion für ausländisches Eigentum]. Saksalaisten omaisuusluettelot [Verzeichnisse deutschen Eigentums]. Henkilömapisto saksalaisen omistajan mukaan [Alphabetische Personendossiers deutscher Eigentümer] Fe:61: v. Zwehl, Otto Julius Theobald. Kansallisarkisto / Riksarkivet [Nationalarchiv von Finnland], Helsinki / Helsingfors (Im Folgenden: KA).

fahren, was Fahrten von insg. 50 km bedeutete. Otto v. Zwehl fuhr einen deutschen Adler 21, einen modernen Kleinwagen mit Viertaktmotor. Die Familie entschied sich deshalb im Juni 1939 zur Rückkehr in die Wohnung am Bulevardi, vor allem, da die Ernennung von Otto v. Zwehl zum Olympiaattaché zukünftig eine leichtere Erreichbarkeit als bis dahin voraussetzte.[22]

Auf den Gutshöfen Hakunila (Håkansböle) und Tjusterby. Beate Sophies Eltern ließen 1906 in Helsingin pitäjä (Helsinge) ein neues Herrenhaus auf dem Hof Hakunila erbauen, das im Anhang 2 erläutert wird. Mütterlicherseits stammte ihre Mutter vom Gutshof Tjusterby in Pernaja (Pernå). Die Familie v. Zwehl konnte diese Gutshöfe als Feriendomizil gemeinsam mit Beate Sophies nahen Verwandten nutzen, und im Dezember 1939 diente Hakunila als Reservewohnung der Familie, da die Wohnung am Bulevardi aufgrund der Bombenschäden für einige Zeit unbewohnbar war.

Familienbild am Eingang zum Gut Håkansböle im Sommer 1920. v. Zwehl zu Pferde, Beate Sophie in Rückenansicht. Auf der Treppe stehen v. Zwehls Mutter Maria – damals auf Besuch in Finnland – und Emilia Sanmark, Beate Sophies Mutter. Håkansböle hatte eines der wenigen Jugendstilherrenhäuser in Finnland.

Feriendomizile auf Kuusisaari (Granö) in der Bucht von Pernaja (Pernå). Das Ferienhaus der Familie v. Zwehl lag auf Kuusisaari in den Schären vor Pernaja. Neben der Villa in Kuusisaari in Huopalahti (Hoplax), die v. Zwehls in den 30er Jahren bewohnten, besaßen sie somit auch ein Feriendomizil auf einer Insel in Pernaja, die den Namen Granö hatte. Das Ferienhaus konnte Beate Sofie aufgrund ihres Verwandtschaftsverhältnisses zu den Eigentümern des Gutshofs Tjusterby erwerben, der 11

[22] v. Zwehl: Erinnerungen 1940, 75.

Liegenschaften mit einem Gesamtareal von 1500 Hektar umfasste. Die große Verwandtschaft mit Verbindung zum Gutshof Tjusterby, seit 1913 „Aktiengesellschaft Gut Tjusterby“ begann gegen Ende des 19. Jh, sich Ferienhäuser anzuschaffen. Zu den ältesten von diesen gehörte ein großes, gediegenes, rot gestrichenes, einstöckiges Ferienhaus, welches der Gutsherr, Senator und Prokurator *Richard de Chapelle*, von den Einheimischen „Attu-Pelle“ genannt, errichten ließ. Von der Zeit um die Jahrhundertwende an wurde das Haus von der Familie Sanmark benutzt. Das Gebäude befindet sich ca. 1 km vom Gutshof Tjusterby entfernt und wurde wohl ungefähr zur gleichen Zeit gebaut wie der neue Ziegelbau des Hauptgebäudes des Gutshofs Tjusterby 1864-67.[23] Das Ferienhaus grenzte an einen der Kleinpachthöfe des Gutes, der 1796 gegründet wurde. In v. Zwehls Zeit bewirtschaftete den seinerzeitigen Häuslerhof das ortsansässige Original *Granö-Kalle, Karl Henriksson* (1877-1958), den man manchmal auf dem Steg von „Sveelen“ beim Fischen sah.[24] In der Nachkriegszeit wurde das Ferienhaus gemeinsam von der Familie v. Zwehl und Marias beiden Schwestern mit Familien genutzt. In den 1970er Jahren ließ Maria v. Zwehl ein kleineres Ferienhaus in der Nähe bauen. Dieses wird „Majas“ nach Maria genannt. Beide Häuser werden heutzutage von den Enkelkindern als Feriendomizil genutzt.

Freizeitinteressen. Otto v. Zwehl kam aus einer musikliebenden Familie und war sein ganzes Leben lang sehr an Musik interessiert, wobei sein Lieblingsinstrument das Cello war.[25] Zu seinen Interessen gehörte auch Schach, und zumindest in den 1950-er Jahren nahm er an den Spielabenden des Helsingfors Schackklubb (Helsingin Shakkiklubi) teil. Otto v. Zwehl widmete sich auch seiner Familie und war oft erfinderisch und schöpferisch, wenn es galt, Aktivitäten zu finden. So baute er um 1930 ein langes Kajak, das mit 3 separaten Sitzplätzen für die Töchter versehen war, und unternahm mit ihnen Paddelfahrten. Später, als die Familie sich 1934 in der Villa auf Kuusisaari eingerichtet hatte, baute er ein Würfelspiel, genannt „Granöspiel“. In diesem gehörte zu einem „Aussetzen“-Feld der Spruch:„Motorbåten säger put-put-put, men pappa säger att bensinen är slut.“ (Gereimt – und deshalb frei – übersetzt: „Das Motorboot macht putt-putt-putt, aber Papa sagt, der Motor ist kaputt.“)[26]

---

[23] Suomenmaa. I. Uudenmaan lääni 1919, 152; Sirén 1996 121; Lönnqvist 2010, 132.

[24] Malm 1977 I; Malm 1977 II. – „Sveelen“ ist die Wiedergabe des Namens in finnlandschwedischer Lautung und Grammatik, Diese volkstümliche Aussprache ist typisch für die Landbevölkerung, die wenig Berührung mit der deutschen Sprache hat.

[25] Femtioåring. Otto v. Zwehl. Notiz, Hufvudstadsbladet 4.4.1944; Doktor Otto v. Zwehl. Nekrolog, Hufvudstadsbladet 10.2.1960; Otto v. Zwehls jordfästning. Notiz, Hufuvdstadsbladet 13.2.1960.

[26] Angabe von Michael Faulmüller.

Anstellung bei einer Bank und dem Deutschen Handelskammerverein in Finnland 1924-27

In seinen Erinnerungen erzählt v. Zwehl, dass er nach seinem Dr.rer.pol.-Examen 1921 in Deutschland weder eine Arbeit noch eine Wohnung finden konnte. Nachdem er unter diesen Umständen seine Frau nicht nach Deutschland holen wollte, wanderte er zum Ende des Jahres nach Finnland aus. Er bekam eine Stelle als Volontär und Außenhandelskorrespondent bei der Unionsbank, jedoch ohne Gehalt.[27]

Beim Deutschen Handelskammerverein 1924-27. Nachdem er in der Bank von 1922-23 tätig war, wurde er in den ersten Frühlingsmonaten 1924 vom Finnisch-Deutschen Handelskammerverein angestellt. Auslandsdeutsche Kaufleute gründeten im Februar 1924 diesen Verein, und weil man jemanden mit Doktorgrad suchte, kam er als Direktor in Frage. Laut *Hans Metzger* war es der Direktor von Oy Algol Ab, der deutsche Generalkonsul *Albert Goldbeck-Löwe*, der hinter der Handelskammer-Gründung stand.[28] Da dieser sehr einflussreich war, verhielt es sich vermutlich so, und deshalb kann angenommen werden, dass v. Zwehl für Goldbeck-Löwe akzeptabel war.

In seinen Erinnerungen erzählt v. Zwehl, dass er völlig unvorbereitet für die Stellung war: „Ich war ein Autodidakt reinsten Wassers“. Er hatte überhaupt keine Kenntnis über Außenhandel und wusste auch nicht, welche Aufgabe eine Außenhandelskammer hatte. Es gab niemanden, der ihn einführen konnte. Der Beginn war auch anspruchslos: das Büro war ein Herrenzimmer in seiner Wohnung Bulevardi Nr. 13, die Schreibmaschine seine eigene, und während der ersten Monate erhielt er kein Gehalt; dies wurde erst ausbezahlt, als der Verein die notwendigen Mittel dafür eingesammelt hatte. Otto v. Zwehl hatte auch eine Angestellte, eine dreisprachige Bürokraft.

Mitglieder im Handelskammerverein waren sowohl deutsche als auch finnische Geschäftsleute. Vorsitzender des Vereins war bis 1927 der finnische Kommerzienrat *Samuli Hohenthal* (seit 1936 Harima) von der Firma Talous-Osakekauppa. Zu ihm hatte v. Zwehl eine gute persönliche Beziehung.[29] Der Handelskammerverein funktionierte jedoch nicht sehr gut, da die finnischen Mitglieder weniger an den finnisch-deutschen Handelsfragen interessiert und in höherem Grad auf den Handel mit Großbritannien ausgerichtet waren. Das fand darin seinen Ausdruck, dass

[27] v. Zwehl: Erinnerungen 1940, 7.
[28] Metzger 1984, 101.
[29] v. Zwehl: Erinnerungen 1940, 8.

der Verein sich weigerte, im handelspolitischen Ausschuss mitzuarbeiten, den die finnische Regierung einsetzte, als 1926 mit Deutschland ein Handelsvertrag abgeschlossen wurde.

In den 1920er und 1930er Jahren entstanden mehrere andere, ähnliche Vereine. So gründeten Kaufleute in Viipuri (Viborg) 1920 einen Handels- und Industrieverein, eine französisch-finnische Handelskammer wurde 1924 in Paris ins Leben gerufen, und zuletzt wurde 1929 ein nationales finnisches Komitee als Unterabteilung der 1919 gegründeten Internationalen Handelskammer in Paris gebildet. Im Jahr 1932 entstand ein finnisch-englischer Handelsverein, 1934 ein finnisch-belgischer Handelsverein, während eine finnisch-schwedische Handelskammer erst 1936 in Stockholm gegründet wurde.[30] Der deutsche Handelskammerverein gehörte somit zu den frühesten Gründungen seiner Art.

Übersetzung von „Finlands politiska historia“. Im Jahr 1925 erschien das Buch von *Prof. M.G. Schybergson* „Politische Geschichte Finnlands 1809-1919“ auf Deutsch in v. Zwehls Übersetzung. Diese wurde in der Serie „Geschichte der europäischen Staaten“ als Band 41 veröffentlicht.[31] Es handelte sich um keine kleine Übersetzungsarbeit, da das Buch genau 500 Seiten umfasste. Otto v. Zwehl dürfte sich mindestens mehrere Monate lang mit der Übersetzung beschäftigt haben; auf Schwedisch war das Buch 1923 erschienen. Das Unternehmen zeigt, dass er ausreichend Zeit gehabt haben muss. Gleichzeitig war die Übersetzungsarbeit sicherlich für ihn von Nutzen, da sie eine intensive Auseinandersetzung mit der Materie voraussetzte und ihn mit der Geschichte und Gesellschaftsordnung Finnlands vertraut machte.

Die „Deutsche Gefahr“ in den 1920er Jahren. 1925 stellte Prof. *Juho Heikki Vennola,* ein Mitglied der Fortschrittspartei und früherer Premierminister, einen Antrag auf die Einführung von strengeren Regeln für die Immigration. In den beiden vorangegangenen Jahren hatten zahlreiche Ausländer um Aufenthaltsgenehmigung nachgesucht. Von den 860 Anträgen, die zur Behandlung kamen, wurden 63 % positiv beschieden. Die allgemeine Linie war, dass Fabrikarbeiter und Handwerker keine Aufenthaltsgenehmigung erhielten, während hingegen Spezialisten, vor allem auf den Feldern Weberei, Papierherstellung und Bürowesen, aufgenommen wurden. Vennolas Antrag wurde von Abgeordneten aller anderen Parteien unterstützt, der Sammlungspartei (Kokoomus), des Agrarverbands, der Schwedischen Volkspartei, der Sozialdemokraten sowie der Kommunisten im Wahlverbund der Arbeiter und

---

[30] Angaben aus einer Broschüre der Finnisch-deutschen Handelskammer in der Sammlung *Pienpainateet* [Kleine Drucke] der Universitätsbibliothek Helsinki, Klassifiz. Kauppayhdistykset [Handelsvereine].
[31] Schybergson 1925.

Kleinbauern. Die Deutschen wurden nicht ausdrücklich als Einwanderergruppe[32] genannt – auch wenn der Antrag in der Praxis gegen deutsche, ausgebildete Arbeitskräfte gerichtet war, d.h. Personen vom Schlage v. Zwehls.

Das Sprachrohr der Akateeminen Karjala-Seura (Akademische Karelien-Gesellschaft, AKS), „Suomen heimo" („Finnlands Stamm"), nahm dagegen kein Blatt vor den Mund. Die Zeitung bezeichnete den Strom von deutschen Einwanderern als eine nationale Gefahr für Finnland. Die „deutsche Gefahr" bestand darin, dass diese Einwanderer finnischen Büroangestellten und anderen Personen mit Fachausbildung die Arbeitsplätze wegnahmen. Der Artikel kritisierte die Institutionen und Kreise, die die Einwanderung förderten: in Deutschland eine vom Staat unterstützte Organisation, das Finnland-Institut an der Universität in Greifswald und die einflussreichen finnlandschwedischen Kreise. Laut „Suomen heimo" war die deutsche Einwanderung Teil einer schwedischen Konspiration, dazu gedacht, die Anzahl des „germanischen" Elements in Finnland zu erhöhen. Zudem habe sich leider auch der eine oder andere deutsche Jude auf diese Weise etabliert. Die Zeitung forderte deshalb eine systematische Annullierung der Aufenthaltsgenehmigungen, die eingewanderten Deutschen bewilligt worden waren, wobei die Finnische Nationalbank gleichzeitig den Zufluss von deutschem Kapital nach Finnland stoppen sollte.[33]

Otto v. Zwehl repräsentierte genau den Einwanderertyp „deutsche Fachleute", den sowohl Vennolas Antrag als auch die AKS zurückhalten wollten. Vennolas Antrag führte allerdings zu keiner Gesetzgebungsmaßnahme. Der Antrag und der Zeitungsartikel illustrieren aber die Feindseligkeit gegenüber Deutschen, die sich in den finnisch-nationalen Kreisen in den 1920er Jahren äußerte. Erst die Machtübernahme der Nationalsozialisten in Deutschland 1933 veranlasste die extreme finnische Rechte, sich für eine Zusammenarbeit mit den jetzt von diesen kontrollierten deutschen Institutionen zu interessieren.

An der Spitze der Deutschen Handelskammer in Finnland 1927-1939

Syndikus. Der 1924 gegründete Handelskammerverein konnte erst eine befriedigende Effizienz entfalten, als er 1927 als deutsche Auslandshandelskammer anerkannt wurde; 1930 nahm er auch den entsprechenden Namen an und wählte nur noch deutsche und deutschstämmige Mitglieder des Vorstands in dessen Leitungs-

[32] Petition n:o 22 angående reglementering av immigrationen. Riksdagen 1925. Handlingar V, 2.
[33] Eräs uusi kansallinen vaara nousemassa [Eine neue nationale Gefahr zieht herauf]. [Verf.: A. K]. In: Suomen heimo 3 (1925), 19-20.

gremium, den Arbeitsausschuss. Der Unternehmenszweck der Deutschen Handelskammer in Finnland wurde schließlich, rein deutsche Handelsinteressen zu fördern. Als Vorstandsmitglieder waren viele Reichsdeutsche tätig: die Direktoren *Ludolf Bargum* (ab 1931 finnischer Bürger) von Ab Algol Oy 1928-32, *Heinrich Weidmann* von Ab G.H.H. Oy (einem finnischen Ableger der Gutehoffnungshütte) 1933-35 und *Klaus G. Mahnken* von Osram Oy ab 1935. Otto v. Zwehl wurde zum Syndikus (entspricht der Funktion des Hauptgeschäftsführers) ernannt, wirkte also in leitender Stellung auch in der neuen Handelskammer, deren Mitgliederanzahl in den 1930er Jahren ca. 400 betrug.[34]

Die Machtübernahme durch die Nationalsozialisten in Deutschland 1933 begann sich auch in Finnland stark widerzuspiegeln: Nahezu alle deutschen Institutionen und Vereine in Finnland wurden dem nazistischen Netzwerk einverleibt, wenn auch in aller Stille. Unter den leitenden Kreisen der Deutschen Handelskammer in Finnland befanden sich ca. 10 Direktoren mit Parteimitgliedschaft, darunter die Vorsitzenden Weidmann und Mahnken. Die Staatspolizei bezeichnete ebenfalls *Hohenthal* als „eingefleischten Nationalsozialisten", auch wenn dieser als finnischer Staats-bürger der NSDAP nicht angehören konnte.[35] Im März 1933 war die Deutsche Handelskammer die erste Institution in Finnland, die die Hakenkreuzfahne in Gebrauch nahm.[36] An der Bürowand hingen noch 1936 Fotografien von Präsident *Pehr Evind Svinhufvud*,dem früheren Reichspräsidenten *Paul Hindenburg* und dem „Führer und Reichskanzler" *Adolf Hitler.* Dass neben diesen 1937 Fotografien des neu gewählten Präsidenten *Kyösti Kallio* und von Marschall *Gustaf Mannerheim* aufgehängt wurden, zeigt freilich, dass die Handelskammer sich den neuen und mehr die politische Mitte betonenden Verhältnissen in Finnland nach der Reichstagswahl 1936 anpasste.[37] Die Handelskammer führte einen verhältnismäßig gleichgesinnten Personenkreis zusammen, und v. Zwehl schreibt, dass diese geradezu die einzige deutsche Institution in Finnland ohne innere persönliche Fehden war: „In ihrem Vorstand sassen Volks- und Reichsdeutsche friedlich vereint, die gleichen Leute, die sich in der Schule, Deutschen Kirche, Wohltätigkeitsverein, Deutschem Verein usw. erbittert und persönlich bekämpften. Ich hatte allerdings manche aufsegelnde Streitigkeiten hinter den Kulissen beizulegen gehabt, ehe sie zu großen Verwicklungen führten".[38]

---

[34] Westerlund 2011, 168-169.
[35] Ibid. 170-172.
[36] v. Zwehl: Erinnerungen 1940, 63.
[37] Inventarverzeichnis 1924-39. Deutsche Handelskammer in Finnland. Vol. 112. KA; Schweitzer 1998, 54-55.
[38] v. Zwehl: Erinnerungen 1940, 71.

Die eigentliche Leitung der Handelskammer hatte ein Arbeitsausschuss von 7 Mitgliedern inne. In der Praxis war es jedoch v. Zwehl, der die Tätigkeit größtenteils leitete, da ihm der Arbeitsausschuss vollkommene Handlungsfreiheit gab. Die Tätigkeit erhielt von Beginn an feste Formen, nachdem die Zentralorganisation für das deutsche Außenhandelskammerwesen von 1927 an begann, jährliche Industrie- und Handelstage abzuhalten und die Handelskammer gleichzeitig Repräsentant für immer mehr Organisationen mit Basis in Deutschland wurde. So wurde die Handelskammer 1927 auch Vertreter des Büros der Leipziger Messe (Leipziger Messeamt) und später der Reisezentrale der deutschen Staatseisenbahn (Reichsbahnzentrale für den Deutschen Reiseverkehr, RDV). Otto v. Zwehl wurde außerdem 1936 als deutscher Vertreter für die Olympischen Spiele in Finnland berufen, etwas, das für ihn von außerordentlich großer Bedeutung wurde, weil der verhältnismäßig „unpolitische" Sport ihm viele neue Kontakte brachte.[39]

Auch die Vertretung von RDV spielte v. Zwehl in die Hände, da ein Großteil der Presse- und Radiokontakte zwischen Deutschland und Finnland über diese Organisation lief und vor allem Presseleute und Einzelpersonen in sehr großem Umfang RDV als Reisearrangeur in Anspruch nahmen. Von Otto v. Zwehls Standpunkt aus war RDV außerdem ein sehr nützlicher Einflusskanal, da diese Organisation nach der nationalsozialistischen Machtübernahme 1933 die einzige Reklameinstanz blieb, die nicht direkt dem deutschen Reichsministerium für Volksaufklärung und Propaganda unterstellt war oder „die Parteiinteressen überbetonte". Dies beruhte zum Teil darauf, dass sie ihre Einkünfte von den deutschen Staatsbahnen erhielt und deshalb nicht ausschließlich von staatlichen Zuschüssen abhängig war. Otto v. Zwehl schrieb: „Die RDV verließ sich, und das war das Geheimnis ihrer Erfolge, auf die Urteilskraft ihrer Auslandsvertreter, welche durchwegs gesellschaftlich sehr gewandte, frühere Auslandskaufleute waren".[40]

Die von Otto v. Zwehl für die Handelskammer 1933-34 ausgearbeiteten Jahresberichte wurden als besonders kompetente wirtschaftliche Übersichten über Finnland bezeichnet, und Referate daraus erschienen sowohl in finnischen Zeitungen wie „Helsingin Sanomat" als auch in der deutschen Zeitung „Handel und Industrie".[41]

Vertreter des Deutschen Nachrichtenbüros und weitere PR-Arbeit für Deutschland.
Die Deutsche Handelskammer begann 1927 mit der Vertretung des Leipziger Messeamts und später auch des Deutschen Reiseverkehrs (RDV). Damit erfolgte ein

[39] Ibid. 9-10.
[40] Ibid. 11.
[41] Peltovuori 2005, 67-68, 82.

Auftrag, der die Vermittlung von Reisebroschüren, Pressedienst, Film, Fotovermittlung und Journalistenreisen beinhaltete. Otto v. Zwehl war während einer zehnjährigen Periode zuerst ab 1927 der Vertreter von Wolffs Telegraphischem Büro (WTB) und ab 1933 auch Vertreter des Deutschen Nachrichtenbüros (DNB) in Finnland. Die großen deutschen Zeitungen hatten einen gemeinsamen Auslandskorrespondenten für Skandinavien und die s.g. Randstaaten. Nachdem dieser entweder in Stockholm oder Riga stationiert war, erhielt v. Zwehl ein eigenes Tätigkeitsgebiet in der Nachrichtenvermittlung in Finnland. Von den finnischen Zeitungen war es wieder nur „Uusi Suomi“ (Neues Finnland), das einen Auslandskorrespondenten in Berlin hatte.[42]

Das Deutsche Nachrichtenbüro hatte eine enge Verbindung zur Handelskammer. Das mag seltsam wirken; die Erklärung ist jedoch, dass das deutsche Aufklärungs- und Propagandaministerium im Juli 1933 einen geheimen Vertrag mit der Handelskammer in Hamburg geschlossen hatte, deren Informationsausschuss (Aufklärungsausschuss) unter *Dr. G. Kurt Johannsen* dessen Nachrichten und Bekanntmachungen in 18 Sprachen vermittelte. Die Deutsche Handelskammer in Helsinki wurde Vertreter für den Informationsausschuss der Handelskammer in Hamburg und begann, Nachrichten- und Kulturmaterial aus Berlin/Hamburg an 40 finnischsprachige und 16 schwedischsprachige Zeitungen weiterzugeben. Diese veröffentlichten in den Jahren 1930-1936 insgesamt 2414 Artikel und Notizen. Otto v. Zwehl traf die Auswahl, wobei er Texte, die die nationalsozialistische Ideologie, Kampagnen gegen Juden und andere zentrale nazistische Themen behandelten, aussonderte. Dagegen favorisierte er Artikel über die deutsche Wirtschaft, Handelspolitik, Kommunikationen, technische Innovationen und soziale Reformen. Der gemeinsame Nenner für diese Neuigkeiten war, dass sie eine deutschfreundliche Haltung ausdrückten und gleichzeitig unpolitisch oder vorsichtig politisch waren. Es war eine pragmatische Auswahl, welche dem sozialen Kontext in Finnland angepasst war und die Leser nicht durch eine aggressiv nazistische Verkündigung abstieß. In seinen Erinnerungen bezeichnet v. Zwehl sich als den „inoffiziellen Presseattaché“ der deutschen Botschaft in Finnland.[43]

Im Jahr 1933 erschienen Artikel mit der Signatur vz nicht nur in kommerziellen Zeitungen wie der „Frankfurter Zeitung“, sondern auch im „Völkischen Beobachter“, dem Organ der NSDAP. Der Presseforscher *Risto O. Peltovuori* war erstaunt, dass v. Zwehl als Vierteljude besonders im letztgenannten Sprachrohr publizierte.[44] Im

[42] v. Zwehl: Erinnerungen 1940, 10, 21.
[43] Ibid. 12, 31; Hiedanniemi 1980, 104-106.
[44] Peltovuori 2005, 34-36.

November 1933 wurden 11 finnländische Journalisten zu einer Studienreise nach Deutschland mit Besuchen in Hamburg, Berlin, München, Danzig und Königsberg eingeladen. Zu den Programmpunkten gehörten auch Besuche im NSDAP-Hauptquartier und den Arbeitslagern des Reichsarbeitsdienstes (RAD). Otto v. Zwehl leitete das Reisearrangement, das formell vom „Automobilclub von Deutschland" organisiert wurde. Die Redakteure repräsentierten die Rechtspresse und einen Teil der liberalen Zeitungen, wobei beabsichtigt war, ein positives Deutschlandbild zu fördern. Die teilnehmenden Journalisten wurden gebeten, ihre Reiseeindrücke „ohne Bosheit" zu schildern.[45]

Gegen Ende der 1930er Jahre waren der neue deutsche Botschafter *Wipert v. Blücher* und v. Zwehl die stärksten öffentlichen Vertreter der deutschen Interessen in Finnland.[46] Weil sie in Finnland wirkten und Eindrücke aus den finnischen Kreisen aufnahmen, entwickelten sie eine Einstellung, die in ihren Nuancen nicht immer der Auffassung der deutschen außenpolitischen Leitung entsprach. So urteilte v. Zwehl im Sommer 1935, dass die nationalsozialistische Kulturpolitik die Hochachtung für Deutschland in Finnland verringere.

Der sog. Kirchenstreit hatte das früher so starke Vertrauen in die deutsche Kirche in den religiösen Kreisen erschüttert, während viele schwedischsprachige Universitätslehrende in Übereinstimmung mit demokratisch ausgerichteten Kulturpersönlichkeiten wiederum eine sehr negative Haltung gegenüber Deutschland einnahmen. Trotz der nazistischen Vorstöße war deren Wirkung nichtsdestotrotz verschwommen, da manche Instanzen Finnland als einen Teil des Nordens beschrieben, andere als zum Ostseegebiet zugehörig, und die Finnen gleichzeitig als Arier und als Vertreter irgendeiner minderen Rasse betrachtet wurden.[47]

Eine gewisse Disharmonie in v. Zwehls Verbindungen zur deutschen außenpolitischen Leitung entstand auch Anfang 1937, als Kyösti Kallio vom Agrarverbund nach dem Rechten Pehr Evind Svinhufvud zum Präsidenten gewählt wurde und ein Entente-orientierter und deutschlandkritischer Mann der Fortschrittspartei, *Rudolf Holsti,* im Oktober 1936 zum Außenminister ernannt wurde. Das hatte zur Folge, dass Finnlands Verhältnis zur Sowjetunion weniger angespannt war. Dies war eine Entwicklung, die sich weder v. Blücher noch v. Zwehl in Helsinki noch die nationalsozialistische Führung in Deutschland wünschten. Das Auswärtige Amt hielt im Januar 1937 eine politische Situationsübersicht zurück, die v. Zwehl im Völkischen Be-

[45] Hiedanniemi 1980, 48; Peltovuori 2005, 30.
[46] Hiedanniemi 1980, 106, 180; Metzger 1984, 101.
[47] Hiedanniemi 1980, 84, 90.

obachter veröffentlichen wollte. Dies geschah, weil Staatssekretär *Werner v. Grundherr* der Meinung war, dass der Artikel die tatsächlichen Absichten Deutschlands enthülle.[48]

Aber im übrigen wirkten v. Blücher und v. Zwehl für eine Verschärfung der Haltung der deutschen Presse gegenüber Holsti, und laut v. Zwehl wurde Holsti „hauptsächlich durch deutsche Proteste" genötigt, im April 1937 zurückzutreten.[49] Der deutsche Forscher *Michael Jonas* hat die Beobachtung gemacht, dass v. Blücher und v. Zwehl so dunkle Kräfte heraufbeschworen, dass sie schließlich die Kontrolle über diese verloren. Später, im Herbst 1939 und während des Winterkrieges, versuchten sie, die deutsche Pressemeinung zu nuancieren, zeigten sich aber machtlos gegenüber der strammen nazistischen Steuerung der Zeitungen in Deutschland.[50]

Finnlands Repräsentant bei der Nordischen Verbindungsstelle. Die Nordische Verbindungsstelle wurde im Dezember 1933 als eine Art halbstaatliche, interministerielle Institution gegründet mit der Aufgabe, Kulturkontakte mit den Nordischen Ländern zu entwickeln, und der Verantwortung für die praktischen Arrangements beim Empfang von Delegationen, Politikern, Wissenschaftlern, Künstlern und Studenten aus diesen Ländern. Mehrere deutsch-nordische Gesellschaften waren im Vereinsvorstand vertreten. Das Verbindungsbüro wurde vom Reichsministerium für Volksaufklärung und Propaganda finanziert. Neben der Zusammenarbeit mit mehreren Ministerien hielt das Verbindungsbüro Kontakt mit drei Machtgruppierungen: der NSDAP, der deutschen Reichsregierung und den Streitkräften.[51]

Als Leiter der Nordischen Verbindungsstelle fungierte seit 1934 deren Initator *Dr.phil. Hans Draeger* und als Generalsekretär 1934-1945 *Walter Klein.* Die Nordische Verbindungsstelle trat nicht vor Anfang 1936 öffentlich in Erscheinung. Während der Olympischen Spiele in Berlin im Sommer 1936 organisierte sie einige Veranstaltungen für die Besucher aus den Nordischen Ländern.[52] Die Feier zum 65. Geburtstag des finnischen Ex-Präsidenten Pehr Evind Svinhufvud im Dezember 1936 war bis dahin das größte Fest, das je Finnland gewidmet wurde.[53]

Als Repräsentant der Nordischen Verbindungsstelle für Schweden wirkte der Korrespondent der Scherl-Pressegruppe, *Dr. Paul Grassmann.* In Dänemark hatte

---

[48] Peltovuori 2005, 138, 143-145.
[49] v. Zwehl: Erinnerungen 1940, 47.
[50] Jonas 2010, 84.
[51] Westerlund 2011, 16.
[52] Lepistö 1944, 31-34; Carlsson 1945, 215-226; Kivimäki 1965, 146; Lauridsen 2002, 527-528.
[53] Tysk Finlandsvän på blixtvisit. Artikel Hufvudstadsbladet 27.10.1937.

die Organisation keinen formellen Vertreter, sondern die Kulturkontakte liefen über die Dänisch-deutsche Vereinigung.[54] In Finnland war v. Zwehl der Repräsentant der Organisation und vermittelte sogar das vom Reichspropagandaministerium für Finnland erstellte Material.[55] Für diesen Auftrag erhielt er 1936 eine monatliche Aufwandsentschädigung von 300 Mark. v. Zwehl erwähnt jedoch nichts von seiner Tätigkeit in der Organisation. Genausowenig sind nähere Details bekannt.

Deutscher „Sportdiplomat" und Olympia-Attaché 1939. Als Repräsentant des RDV wurde v. Zwehl Olympiavertreter in Finnland und führte das Arrangement für die Olympischen Spiele 1936 in Berlin durch. Als Folge davon erhielt er Kontakte zu den finnischen Sportkreisen, den Presseleuten und dem Rundfunk und lernte Sportfunktionäre wie Direktor *Rolf Berner* von der Fortschrittspartei, Hauptmann *Lauri „Tahko" Pihkala* und den damaligen Abgeordneten und Justizminister *Urho Kekkonen* vom Agrarverband kennen. Otto v. Zwehl beschreibt dies als den dankbarsten und denkbar leichtesten Wirkungskreis. Bereits im Herbst 1935, als ein deutsch-finnischer Leichtathletik-Länderkampf in Helsinki organisiert wurde, konnte v. Zwehl mit Zufriedenheit Fortschritte als „Sportdiplomat" feststellen. Mit Hilfe von 9 Telefonaten mit Berlin und diplomatischem Geschick gelang es ihm damals, die entgegengesetzten Ansprüche auszugleichen und zu verhindern, dass der Länderkampf abgesagt wurde.[56]

Es war geplant, die Olympischen Spiele 1940 in Helsinki zu organisieren, und in seiner Eigenschaft als RDV-Repräsentant war v. Zwehl – wie es auch in anderen Ländern die Regel war – mehr oder weniger vorausbestimmt als deutscher Olympia-Attaché, der vom deutschen Reichssportführer *Hans von Tschammer und Osten* ernannt wurde. Es war wahrscheinlich kein Zufall, dass das Naziorgan „Völkischer Beobachter" bis zum Herbst 1939 detailliert die Vorbereitungen für die Olympischen Spiele in Helsinki verfolgte, und als eine deutsche olympische Delegation im Mai 1939 Helsinki besuchte, wurde sie von Otto v. Zwehl empfangen. Der Empfang hatte einen politischen und militärischen Rahmen, insofern als u.a. Innenminister Kekkonen, der Befehlshaber der Streitkräfte, General *Hugo Österman* und der Stabschef des Schutzkorps, Oberst *Armas-Eino Martola* zum Empfangskomitee gehörten.[57]

---

[54] Carlsson 1945, 222; Lauridsen 2002, 527.
[55] Uola 1982, 382.
[56] v. Zwehl: Erinnerungen 1940, 10-11.
[57] Peltovuori 2005, 278.

Den Auftrag des Olympia-Attachés empfand v. Zwehl als besonders interessant, weil es galt, die geplante Fernsehübertragung in Zusammenarbeit mit der deutschen Reichspost und der finnischen Rundfunkanstalt Yleisradio (Rundradio) zu organisieren. Es sollten deutsche Fernsehzelte für 10.000 Personen in Helsinki errichtet werden.[58]

v. Zwehl in seinem Büro auf einer Karikatur aus den 1930er Jahren - den Füller in der Rechten und die Pfeife in der Linken. Der Zeichner kann Adolf Bock gewesen sein, der das Bild mit der Unterschrift versah: „Herr v. Zwehl die Tinte spritzt."

Eildienst-Mann und bezahlter Handelsattaché der Deutschen Botschaft 1939. Otto v. Zwehl wurde auch persönlicher Vertreter, „Expressmann" (ED-Mann) der Eildienst GmbH, die ein gemeinsames Organ des Auswärtigen Amtes und des Reichswirtschaftsministeriums war und täglich die offiziellen Mitteilungen „Nachrichten für den Außenhandel" veröffentlichte. Dadurch wurde v. Zwehl gleichzeitig handelspolitischer Berichterstatter an der Deutschen Botschaft. Die Aufgabe des ED-Mannes war es, handelspolitische Übersichten für den Botschafter zu erstellen, woraus aber gleichzeitig folgte, dass v. Zwehl eine Stellung als deutscher Fachmann für die deutschen Behörden erhielt, mit dem Auftrag, an Verhandlungen über Handelsverträge teilzunehmen, was auch für die Handelskammer vorteilhaft war.[59]

In der Zeit vom 1.9.-31.12.1939 arbeitete v. Zwehl als unbezahlter Handelsattaché für die Deutsche Botschaft, an der bei Kriegsausbruch eine Handelsabteilung gegründet wurde. Er erhielt den Titel „Leiter der Handels- und Presseabteilung", und die Botschaft suchte für ihn um den Diplomatenstatus nach.[60] Die handelspolitische Abteilung war jedoch anspruchslos und verfügte nur über einen Konsulatsangestellten, der oft ausgewechselt wurde.

Wipert v. Blücher war sehr zufrieden mit v. Zwehl, den er als bedeutenden Zugang bezeichnete, kompetent und energisch, wie dieser war. Da sich jedoch viele unter-

---

[58] v. Zwehl: Erinnerungen 1940, 30.
[59] Ibid. 20.
[60] Akte Fb:6 Saksa C Henkilöittäin. Otto v. Zwehl. Ulkoasiainministeriön arkisto / Utrikesministeriets arkiv.[Archiv des Außenministeriums], Helsinki.

schiedliche Arbeitsaufgaben bei v. Zwehl anhäuften, wünschte der Botschafter die Einstellung eines speziellen Presseattachés an der Botschaft.[61] Eine derartige Stelle wurde auch im Herbst geschaffen und mit dem damals 27-jährigen NSDAP-Mitglied und Finnlandkenner *Hans Metzger* besetzt. Botschafter v. Blücher teilte am 12.1.1940 mit, dass v. Zwehls Tätigkeit als Handelsattaché beendet war und ersuchte, dessen Diplomatenstatus zu streichen. Otto v. Zwehls Nachfolger wurde der NSDAP-Kreisleiter Finnlands, *Wilhelm Jahre*.[62]

Ein „Mädchen für Alles". Aufgrund der Umstände erhielt die Deutsche Handelskammer in Finnland einen wesentlich umfangreicheren Wirkungskreis, der über die üblichen zentralen Aufgaben einer Handelskammer weit hinausging. Sie betrieb unter v. Zwehls Leitung eine ganze Reihe von Informations-, Presse-, Vermittlungs- und Betreuungsaufgaben sowie einen Kreditauskunftsservice.[63] v. Zwehl charakterisierte die Deutsche Handelskammer – und damit indirekt auch sich selbst – als „ein Mädchen für Alles". Damit meinte er, dass diese sowohl vom deutschen Botschafter als auch den Büros in Berlin für Kommuniqués benutzt wurde, welche die Urheber und Vermittler aus dem einen oder anderen Grund nicht im eigenen Namen veröffentlichen wollten, wie z.B. für halboffizielle Verneinungen und Dementis. Insofern als die Handelskammer keine Behörde darstellte, war sie dienlich in Fällen, wenn der Botschafter und die deutschen Behörden ihre Botschaft verbreiten wollten, ohne dass sie selbst direkt als Quelle aufzutreten brauchten.[64]

Otto v. Zwehl schreibt: „Meine Stellung war also nicht leicht (...). Dazu hatte ich eben so viele Herren, als ich Vertretungen hatte, war also abhängig vom Gesandten, dem Handelskammervorstand und privat von der Nordischen Verbindungsstelle und dem DNB und damit wieder dem Reichsverband der Deutschen Presse und dem Propagandaministerium, sowie von der Presseabteilung des Auswärtigen Amts. Als Eildienst-Mann wiederum war ich abhängig von der Zentralstelle für Außenhandel, die selbst als rein amtliche Stelle dem Reichswirtschaftsministerium und dem Auswärtigen Amt gemeinsam unterstand. Ich war also eine seltene Mischung von einem privaten und halbamtlichen Wesen (.....). Die Stellung wurde noch dadurch erschwert, dass alle diese Berliner Stellen gegenseitig oft in einem erbitterten Machtkampf standen."[65]

---

[61] Hiedanniemi 1980, 168; Peltovuori 2005, 189.
[62] Westerlund 2011, 176.
[63] Deutsche Handelskammer Finnland. 1924-44. Arkistoluettelo [Repertorium]. KA.
[64] v. Zwehl: Erinnerungen 1940, 31.
[65] Ibid. 54.

In den 1930er Jahren veröffentlichte v. Zwehl auch einige politische und wirtschaftliche Analysen der Situation in Finnland in der renommierten deutschen Fachzeitschrift „Osteuropa". Die erste, 1934 erschienen, hatte die Überschrift „Finnland 1933".[66]Gemeinsam mit ca. 20 ausländischen Journalisten hatte er im Presseklub im Hotel Kämp den politischen Gärungsprozess in Finnland und den „Mäntsälä-Putsch" im März 1932 verfolgt. Später, im Frühling 1939, veröffentlichte er eine politische und wirtschaftliche Übersicht über Finnland.[67] „Osteuropa" wurde von der Deutschen Gesellschaft für Osteuropakunde (DGO) herausgegeben. Die Zeitschrift hatte 1925 zu erscheinen begonnen und wurde das wichtigste deutsche Forum für mittel- und osteuropäische Analysen. Nach 1933 wurden linke Redakteure und Juden aus der Redaktion ausgeschlossen und die Zeitschrift passte sich der nationalsozialistischen Richtung an.

Das Archiv der Handelskammer. Das Archiv der Deutschen Handelskammer im Finnischen Nationalarchiv (Kansallisarkisto / Riksarkivet) umfasst 125 Bände. Schätzungsweise gut zwei Drittel des Handelskammerarchivs sind erhalten. Für die Jahre 1924-1933 fehlen alle Dokumente außer dem Mitgliederverzeichnis und den Mitgliederkarteien. Für das Jahr 1939 fehlt außerdem die Korrespondenz für die Buchstaben A-F. Diese Lücken sind wahrscheinlich zum Teil zufällig.

Dass jedoch sämtliche Vorstands-, Arbeitsausschuss- und Sitzungsprotokolle sowie alle Jahresberichte fehlen, kann nicht auf irgendeinem Zufall beruhen. Es kann im Gegenteil angenommen werden, dass die Protokolle und Jahresberichte im Herbst 1944 im Zusammenhang mit der durch die Bedingungen des am 19.9.1944 geschlossenen finnisch-sowjetischen Waffenstillstandes geforderten Auflösung deutscher Organisationen in Finnland vernichtet wurden, um eine Einsicht in die Beschlussfassung der Handelskammer unmöglich zu machen. Dessen ungeachtet entging die Masse des Archivs der Zerstörung, die auch nicht von der finnischen Regierung verlangt wurde. Laut einem älteren Archivverzeichnis von 1934 müssten Protokolle (Band 1), Akten des Schiedsgerichts der Handelskammer (Band 23), Akten über Firmenstreitigkeiten (Band 24) und Warnungen vor schlechten Firmen inklusive „Kuriosa" (Band 26)[68] vorhanden gewesen sein – aber alle diese Dokumente fehlen.

---

[66] v. Zwehl 1934, 225-233, 277-286.

[67] v. Zwehl 1939, 239-249.

[68] Sachverzeichnis der Deutschen Handelskammer in Finnland 1934. Deutsche Handelskammer in Finnland, Band 112. KA.

Zu dem, was vermutlich in erster Linie absichtlich vernichtet wurde, gehören die Dokumentation, welche die Handelskammer von 1940-1944 über jüdische Geschäftsleute und Firmen anlegte, sowie die Akten über die Zusammenarbeit mit den nationalsozialistischen Instanzen in Deutschland u.ä.[69]

Die erhaltene Korrespondenz gibt ein Bild der Situation während der Zeit von Otto v. Zwehl als Syndikus und der nachfolgenden Jahre. Für die fünf Jahre von 1935-1939 umfasst die Korrespondenz 21 Bände und für die fünf Jahre von 1940-1944 an die 37 Bände. Entsprechend der Anzahl der Briefe wuchs somit der Tätigkeitsumfang der Handelskammer um ca. 80 %, nachdem v. Zwehl seine Position als Syndikus verließ. Die Handelskammer wurde in den Kriegsjahren eine noch wichtigere Einrichtung als vorher, nachdem ein großer Teil des finnischen Außenhandels auf Deutschland und Länder, die von Deutschland besetzt waren oder mit Deutschland zusammenarbeiteten, ausgerichtet wurde. Dazu trug bei, dass der Handel mit Großbritannien und mehreren westlichen Ländern infolge der abgebrochenen Verbindungen unmöglich wurde. Die Deutsche Handelskammer wurde mit Beschluss des Staatsrats vom 18.1.1945 aufgelöst, jedoch so, dass deren Tätigkeit bereits mit dem 23.9.1944 als abgeschlossen angesehen wurde.

Das Büro der Handelskammer. Die Dokumente im Archiv der Deutschen Handelskammer geben kein vollständiges Bild über deren Büro. Obgleich ein Inventarverzeichnis erhalten ist, fehlen z.B. Mietverträge und Personalakten. Es kann jedoch angenommen werden, dass sich das Büro bis zum Ausscheiden von Otto v. Zwehl anfangs Januar 1940 im Haus Bulevardi Nr. 13 befand und danach im Catanischen Haus (Catanska huset), Pohjoisesplanadi 31 (Norra Esplanaden 31) eingerichtet wurde, wo es wohl bis zum Herbst 1944 bestand.[70] Durch diese Übersiedlung erhielt die Handelskammer einen Standort im absoluten Wirtschaftszentrum von Helsinki mit Geschäften, Geschäftshäusern, Büros und Restaurants.

Die Einrichtung im Büro der Handelskammer bestand aus den üblichen Schreibtischen, Stühlen, Archivschränken, Regalen u.ä. Das jährlich verfasste Inventarverzeichnis für die Jahre 1924-1939 spiegelt sowohl das Anwachsen der Aktivitäten als auch die Modernisierung der Bürotechnik wider. Das 1. Telefon wurde 1924 angeschafft, das nächste noch im selben Jahr, und 1939 besaß die Handelskammer Anteile über vier Anschlüsse an der Telefongesellschaft. Schreibmaschinen gab es 1924 zwei und 1939 elf, wovon ein Exemplar eine Reiseschreibmaschine war. 1927

[69] Deutsche Handelskammer in Finnland 1924-44. Arkistoluettelo. KA.
[70] Ollila / Toppari 1998, 66-67.

kam eine Additionsmaschine dazu, 1932 zwei Rechenmaschinen. Da das Inventarverzeichnis für 1936 einen Schrank für eine Vervielfältigungsmaschine enthält, gab es wahr-scheinlich auch eine derartige Maschine, auch wenn sie aus irgendeinem Grunde nicht angegeben ist. Für den Laufburschen wurde 1937 ein Fahrrad angeschafft.

Innenaufnahme der Deutschen Handelskammer in Finnlands im Haus Bulevardi/Bulevarden 13. Das Reklameplakat für die Olympischen Spiele deutet auf eine Entstehung im Jahr 1939 hin. Syndikus v. Zwehl sitzt an seinem Jalousieschreibtisch im hinteren Raum. Kurt Buck am Telefon und Korrespondent Alexander Haberzettel sitzend mit dem Rücken zur Kamera. Die Szene zeugt von einer guten Ordnung im Büro: Aktenschränke, systematische Aktenarchivierung in Ordnern, ein Präsentationstisch für Broschüren, Telefon, Schreibmaschinen und Federständer

Im ersten Tätigkeitsjahr der Handelskammer 1924 wurden 27 Einkäufe durchgeführt, da gerade damals ein großer Bedarf an Inventar bestand. Dagegen wurden während der elf Jahre langen Periode von 1925-1935 nur 34 Einkäufe getätigt, also durchschnittlich 3 pro Jahr. In den Jahren 1936-1938 wurden wieder ganze 62 Einkäufe vorgenommen, d.h. ca. 20 pro Jahr, was zeigt, dass der Tätigkeitsumfang damals kräftig wuchs. Der Gesamtwert des Inventariums und der Ausrüstung belief sich 1939 ohne Abschreibungen auf 128.700 Mark, was einem heutigen Geldwert von 42.800 € entspräche. Im Jahr 1944 betrug der Bibliotheksbestand der Handelskammer ca. 500 Titel.[71] Außerdem gab es eine umfangreiche Sammlung von nach Themen geordneten Drucksachen, Artikeln und dergleichen.

Otto v. Zwehls Einkommen. Die Geschäftsstelle der Handelskammer entwickelte sich mit der Zeit zu einem verhältnismäßig großen Büro mit 12 Angestellten, nachdem sie für immer mehr Aufgaben und Vertretungen zuständig wurde. Die Entwicklung der Handelskammertätigkeit geschah in dieser Hinsicht jedoch nicht nach einem ausgearbeiteten Plan, sondern es handelte sich eher um Improvisationen und *ad hoc*-Arrangements. Aus diesem Grund erhielt v. Zwehl sein Einkommen auch von mehreren Auftraggebern.

---

[71] Inventarverzeichnis 1924-39, Bücherverzeichnis der Deutschen Handelskammer in Finnland. Deutsche Handelskammer in Finnland, Band 112. KA.

Der Sitte der Zeit entsprechend wurde v. Zwehl 1922 anfangs ohne Gehalt angestellt. In der Handelskammer betrug sein Monatsgehalt ab 1924 3.000 Mark. Um ein Bild von der Größenordnung des Gehalts zu geben, werden im Folgenden ausgewählte Angaben nach heutiger Kaufkraft in Euro angegeben; die 3000 Mark Monatsgehalt würden 954 € entsprechen. Erst nach einigen Jahren wurde sein Monatsgehalt verdoppelt.[72] Im Jahr 1936 war es auf 10.000 Mark gestiegen; dazu erhielt er monatliche Bezüge von 200 Mark als DNB-Mann und 250 Mark als ED-Mann. Als Vertreter der Pressestelle Johannsen erhielt er dazu eine Monatsvergütung von 200 Mark, als Repräsentant der Nordischen Verbindungsstelle 300 Mark von der RDV 600 Mark. Das gesamte Monatseinkommen betrug somit 11.550 Mark (ca. 4.300 €). Im Jahr 1939 waren seine monatlichen Einkünfte auf 18.000 Mark (6.100 €) gestiegen.[73]

Otto v. Zwehl wurde somit in den 1930er Jahren gut bezahlt und konnte seine Familie mit seinen Einkünften leicht ernähren. Unter Berücksichtigung seiner leitenden Stellung und der zahlreichen Arbeitsaufgaben war das Gehalt jedoch nicht besonders hoch, und es ist offensichtlich, dass er hart und systematisch arbeiten musste, um es zu verdienen. Während seiner 15 Jahre als Syndikus der Handelskammer hatte er keine längeren, zusammenhängenden Urlaube, nur drei Wochen, als die Familie in zwei Sommern Deutschland besuchte. Von Zeit zu Zeit nahm er sich einige Tage frei, wobei die Familie oft auf dem Gutshof Tjusterby in Pernaja wohnte.[74]

v. Zwehl beim Wandern in der Geitau bei Schliersee (südlich von München) in Oberbayern im Sommer 1935 mit seinen Töchtern Helene und Maria.

Otto v. Zwehl bezeichnete die Deutsche Handelskammer in Helsinki als etwas Einmaliges und verglich sie mit dem Handelskammerverein, der 1924 gegründet worden war. Dieser begann als Provisorium, und seine Tätigkeit war weniger intensiv und systematisch. Ab 1927 konzentrierte man sich mehr und mehr darauf, stabilere Rahmenbedingungen für Finnlands Handel mit Deutschland zu schaffen, und die Institution als solche wurde zunehmend handlungsfähiger. In den 1930er Jahren ar-

[72] v. Zwehl: Erinnerungen 1940, 8.
[73] Ibid. 28,69, 75, 132.
[74] Ibid. 29; Westerlund 2011, 295.

beiteten dort schließlich acht hochbezahlte Personen mit einer systematischen Arbeitsverteilung. Außer der eigentlichen Handelskammer gab es besondere DNB- und ED-Leute, wobei RDV und die Leipziger Messe gleichzeitig ihre eigenen Büros hatten.

Über den Scherl-Verlag hatte außerdem die Nordische Verbindungsstelle einen eigenen Vertreter in Stockholm, während es an der Deutschen Botschaft eigene Handels- und Presseattachés gab. Die Ausgaben für diese Arrangements beliefen sich gemäß v. Zwehls Beurteilung mindestens auf das Zehnfache im Vergleich mit der multifunktionellen Handelskammer in Helsinki.[75]

Otto v. Zwehl als Vereinsmitglied

Während der 1920er und 1930er Jahre war v. Zwehl in mehreren finnischen Vereinen tätig, auf die sich ein Blick zu werfen lohnt.

Finnisch-Deutsche Gesellschaft – Suomalais-Saksalainen Seura. Die Finnisch-Deutsche Gesellschaft wurde 1918 gegründet; v. Zwehls Schwager *Carl Sanmark* wurde 1923 Mitglied und gemeinsam mit v. Zwehl 1926 in den Vorstand gewählt. Letzterer wurde gleichzeitig unbezahlter Sekretär (ehrenamtlicher Schriftführer) und war bis zum Beginn des Jahres 1939 als solcher tätig.[76] Er schreibt jedoch, dass von allen seinen Aufgaben die Tätigkeit als Sekretär die unangenehmste war, da er von Anfang an der Meinung war, dass das Organ des Vereins rein finnisch sein müsse und es dessen Aufgabe sein solle, für Deutschland in Finnland zu werben. Die Tätigkeit sollte sich deshalb auf Bürger Finnlands stützen, die aus Überzeugung arbeiteten und nicht von dazu abkommandierten Reichsdeutschen angeleitet wurden. Dies hatte zwei Konsequenzen für ihn. Zum ersten betrieb er als Deutscher keine Mitgliederwerbung unter finnischen Staatsbürgern, und zum zweiten versuchte er jedes Jahr, die Tätigkeit des Sekretärs abzugeben. Letzteres gelang jedoch erst nach 13 Jahren, als er von dem Arzt und Apotheker *Karl Neydel*, der Mitglied der NSDAP und als Vertreter für I.G. Farben in Finnland tätig war, abgelöst wurde.[77]

In der Forschungsliteratur wurde die Meinung vertreten, dass v. Zwehl eines derjenigen Vorstandsmitglieder war, die zu der Vermittlung von national-

---

[75] v.Zwehl: Erinnerungen 1940, 29; Westerlund 2011, 295.

[76] Protokollbuch Finnisch-Deutsche Gesellschaft 1920-31. Suomalais-Saksalainen Seura r.y., Band 1. KA; Westerlund 2011, 13.

[77] v. Zwehl: Erinnerungen 1940, 34-37; Westerlund 2011, 78.

sozialistischen Einflüssen in der Gesellschaft beitrugen.[78] Der erste Kreisleiter Finnland der NSDAP, der Direktor der Kali Oy, *Herbert Howaldt,* war Vorstandsmitglied der Gesellschaft und v. Zwehl hatte auch in der Handelskammer mit ihm Kontakt, welcher Howaldt ebenfalls angehörte.[79]

Markku Jokisipilä, der die Geschichte der Finnisch-Deutschen Gesellschaft erforscht hat, nennt v. Zwehl jedoch nur nebenbei, ohne dessen Rolle irgendeine besondere Aufmerksamkeit zu widmen. Dies ist vermutlich auch eine adäquate Beurteilung, denn es scheint, dass v. Zwehls Bedeutung für die Gesellschaft verhältnismäßig gering war.[80]

Otto v. Zwehl erzählt, dass die Tätigkeit der Gesellschaft in den Jahren 1918-1931 in der Praxis von ihrem stellvertretenden Vorsitzenden Kommerzienrat *Albert Goldbeck-Löwe* geleitet wurde. Bis 1933 war Professor *Waldemar Ruin* Vorsitzender. Er war jedoch ein schwacher Organisator und auch bei den finnischsprachigen Mitgliedern weniger angesehen; nach seinem Tod wurde Professor *Bernhard Wuolle* zum neuen Vorsitzenden ernannt, als es galt, einen Finnischsprachigen zu finden, der IKL[81] nicht allzu nahe stand. Eine hohe Meinung von Wuolle hatte v. Zwehl nicht, da es dem neuen Vorsitzenden an Initiative und Persönlichkeit fehlte. Die Mitgliederzahl der Gesellschaft sank laufend, und die Tätigkeit kam zum Erliegen. v. Zwehl schreibt: „Obwohl also die Gesellschaft völlig tot war, lebte sie doch alle 5 Jahre, wenn das alte Dreigestirn von 1918, General *Rüdiger v. d. Goltz,* Admiral *Hugo Meurer* und Freiherr *August v. Brück* wieder nach Finnland kamen, zu einem kurzen Scheinleben auf. Dann bot sie auch ein gutes gesellschaftliches Bild."[82]

Das Büro der Deutschen Handelskammer am Bulevardi 13 fungierte 1934 auch als kostenloser Kanzleiraum für den Verein. Laut *Britta Hiedanniemi* wurden die Akten des Vereins über die 1930er Jahre vernichtet.[83] Da aber die Protokolle und Abrechnungen für die Zeit von 1918 – 1931 und 1940-1944 vorhanden sind, handelt es sich vielleicht nicht um eine absichtliche Vernichtung der Unterlagen, von denen insgesamt ungefähr 30 % fehlen.

---

[78] Hiedanniemi 1980, 57-60; Paasivirta 1984, 356; Jokisipilä 1998, 7-8.
[79] Westerlund 2011, 75-79, 169-170.
[80] Jokisipilä 1998, 5-44.
[81] Isänmaallinen kansanliike / Fosterländska folkrörelsen [Vaterländische Volksbewegung], eine 1932 gegründete, radikale Rechtspartei, die eine Nachfolgeorganisation der nach dem gescheiterten Putschversuch von Mäntsälä 1932 verbotenen Lapua / Lappo-Bewegung darstellte und nahe Kontakte zu deutschen Nationalsozialisten und italienischen Faschisten unterhielt.
[82] v. Zwehl: Erinnerungen 1940, 35-38.
[83] Hiedanniemi 1980, 13.

Da v. Zwehl den Großteil der Zeit während der 1930er Jahre Sekretär war, ist es möglich, dass die Unterlagen bei ihm oder seinem Nachfolger Neydel verschwanden. Andererseits kann es sich kaum um einen Zufall handeln, dass das Mitgliederverzeichnis des Vereins fehlt. Dieses wurde 1944 entweder vernichtet oder versteckt, um die Mitglieder zu schützen.

Formell war v. Zwehl Vorstandsmitglied bis zur Herbstsitzung 1940, da er nicht wollte, dass sein Rücktritt als anti-deutsche Demonstration verstanden werden könnte. Vor der Herbstsitzung hatte der NSDAP-Kreisleiter Finnland, *Wilhelm Jahre,* gegen v. Zwehls eventuelle Wiederwahl protestiert, was v. Zwehl als unbefugte Einmischung in die Angelegenheiten eines rein finnischen Vereins betrachtete.[84] Die Kanzleifunktion der Handelskammer für den Verein dürfte bereits zum Jahreswechsel 1939-1940 beendet worden sein.

Deutscher Schulverein. Otto v. Zwehl wurde 1924 in den Vorstand des Schulvereins der Deutschen Schule gewählt, die 1933 in das neu gebaute Hindenburghaus in der Malminkatu 14 in Helsinki einzog. Ab 1932 war er auch Mitglied des Arbeitsausschusses des Vorstands. Seine drei Töchter besuchten die Schule bis Ende 1939. v. Zwehl bezeichnete die Einrichtung als nahezu beispielhafte Musterschule, die jährlich eine Unterstützung des deutschen Staates in Höhe einer Summe entsprechend 600.000 Finnmark genoss. Rektor *Philipp Krämer*, „obwohl keine Kämpfernatur, oder vielleicht gerade deswegen, verstand es sehr gut, allzu aufdringliche Propaganda zu vermeiden und verschaffte der Schule und sich selbst einen ausgezeichneten Ruf in Finnland". Nach dem Winterkrieg trat v. Zwehl aus dem Vorstand aus, weil er die anderen Vorstandsmitglieder nicht in Schwierigkeiten bringen wollte.[85]

Deutsche Kolonie. Die Deutsche Kolonie wurde 1935 als eine auslandsdeutsche und auch verdeckt nazistische Dachorganisation gegründet. v. Zwehl verfolgte die Gründung als Zuschauer und schreibt: „Als die Partei nach 1933 bald auch in Finnland begann, planmäßig alle Stellen mit Parteigenossen zu besetzen, entstanden auch hier, wie überall im Auslande, schwere Zusammenstöße mit den Auslandsdeutschen und Volksdeutschen. Die Partei gründete die ‚Deutsche Kolonie' in Finnland, der aber auch Volksdeutsche angehören konnten. Sie sollte ein Gegengewicht gegen den alten Deutschen Verein bilden, welcher nicht mit Unrecht vom nationalsozialistischen Standpunkt aus als reaktionär gelten konnte.

[84] v. Zwehl: Erinnerungen 1940, 186-187.
[85] Ibid. 51, 186; Westerlund 2011, 51, 140-141.

In diesem Kampfe trug allmählich die Deutsche Kolonie den Sieg davon. Ich nahm ebenfalls von Anfang an für die letztere Partei, da ich einen Widerstand für zwecklos und nur peinlich vor dem zuschauenden Ausland hielt".[86]

Laut Hiedanniemi soll v. Zwehl Vorstandsvorsitzender gewesen sein. Dies war jedoch nicht der Fall, aber er war Mitglied der Kolonie. Als der Deutsche Ausschuss im April 1927 als ein Verband der deutschen Vereine in Finnland gegründet wurde, wurde v. Zwehl zum Sekretär des Ausschusses ernannt.[87] Möglicherweise wäre er innerhalb der Deutschen Kolonie als Vorstandsmitglied denkbar gewesen, wofür er ohne Zweifel gute Voraussetzungen gehabt hätte, wurde aber als „Mischling" von der nationalsozialistisch dominierten Leitung nicht akzeptiert. Auf jeden Fall ist es klar, dass v. Zwehl keinerlei herausragende Rolle in der Kolonie innehatte. Nach Beendigung des Winterkrieges, als die Mitgliedszeitung der Kolonie „Deutsche Warte" wieder erschien, wurde sie nicht mehr an v. Zwehl gesandt, obgleich er nicht aus dem Verein ausgetreten war.[88]

Rotary Club Helsinki. Nach Aufforderung durch finnische Bekannte schloss sich v. Zwehl 1932 einem Rotary Club an. Wie es scheint, vermied er es, seine Kontaktpersonen und den Ort der Zusammenkünfte zu nennen. Wahrscheinlich handelte es sich jedoch um den im Jahre 1927 gegründeten Rotary Club Helsinki. Im Club bekam er auf jeden Fall wichtige Kontakte und schreibt, dass der Club äußerst demokratisch und britisch orientiert war, aber weniger politische Bedeutung hatte, als man sich in Deutschland vorstellte. Mitte der 1930er Jahre gab es fünf Rotary Clubs in Finnland mit vielleicht ca. 170 Mitgliedern. Der Helsinkier Club war der erste und größte, und die Rotary Clubs versammelten einen bedeutenden Anteil der Elite des Wirtschaftslebens. Im ersten Vorstand des Helsinkier Clubs waren z.B. Legationsrat *Marcus Tollet* und der Direktionsvorsitzende der Bank von Finnland und spätere Staatspräsident *Risto Ryti*, aber auch Professor Bernhard Wuolle, welcher später Vorsitzender der Finnisch-Deutschen Gesellschaft wurde. Hohe Militärs wie Marschall *Mannerheim*, die Generäle *Erik Heinrichs, Väinö Valve* und *Harald Öhquist* waren Mitglieder. Stark deutschorientierte Persönlichkeiten wie *Pehr Evind Svinhufvud,* die Professoren *V.A. Koskenniemi* und *Rolf Witting*, Direktor *Arno Hohenthal* und

[86] v. Zwehl: Erinnerungen 1940, 70-71. – v. Zwehl verwendet den Begriff „Volksdeutsche" nach der damaligen Definition für Personen deutscher Volkszugehörigkeit ohne deutsche Staatsangehörigkeit. In der Praxis zielte der Begriff auf die Verhältnisse in Ost- und Südosteuropa ab. Wegen des willkürlichen Umgangs mit der Volkszugehörigkeit unter der nationalsozialistischen Herrschaft (Ausschluss von Juden, Germanisierungen) ist der Begriff belastet und wird daher hier – außer in wörlichen Zitaten – in Anführungszeichen gebraucht.
[87] Westerlund 2011, 41.
[88] v. Zwehl: Erinnerungen 1940, 186; Hiedanniemi 1980, 60; Westerlund 2011, 44.

Dr. phil. C.A.J. Gadolin gehörten ebenfalls zu den Rotariern; Mannerheim und Svinhufvud waren Ehrenmitglieder.[89]

Das DNB versandte 1933 ein Formular, in welchem das Personal die Mitgliedschaft in Freimaurerlogen, Rotary Clubs u.ä. angeben sollte. Dann kam 1935 der Auftrag, dass alle Deutschen aus den Rotary Clubs austreten sollen. Da aber v. Zwehl eindeutig Nutzen aus der Mitgliedschaft zog, verhandelte das DNB lange mit dem Reichsministerium für Volksaufklärung und Propaganda über sein weiteres Verbleiben im Rotary Club. Das Resultat war die Weisung, den Club zu verlassen, was er loyal, aber widerwillig tat.[90]

Otto v. Zwehl am Schnittpunkt zwischen Deutschtum, Schwedentum, Finnentum, britischem Einfluss und Nationalsozialismus

In seiner Eigenschaft als Syndikus, DNB-Vertreter und ED-Mann musste v. Zwehl sich in dem Strom der Einflüsse einer Reihe verschiedener Akteure orientieren. Seine Lage soll hier übersichtlich erläutert werden.

Die Reibungen zwischen der finnischen und der schwedischen Sprachgruppe. Die sprachliche Umgebung, in der v. Zwehl als Syndikus arbeiten musste, war von einer übergreifenden und delikaten Segmentierung geprägt. Weil es sich bei der Handelskammer um eine deutsche Institution handelte, war deren Hauptsprache Deutsch. Die Wirtschaft war jedoch zu einem großen Teil finnischsprachig, aber gleichzeitig hatte eine Reihe von Firmen unter schwedischsprachiger Leitung eine sehr starke Stellung. Die sich daraus ergebende Rolle der Handelskammer bestand deshalb in einer vermittelnden und integrierenden Haltung, welche sich in zwei Handlungsweisen ausdrückte: ein niedriges und pragmatisches Profil in der einheimischen Sprachenfrage sowie eine dreisprachige Publikationstätigkeit – übereinstimmend auf Deutsch, Finnisch und Schwedisch.

Beruflich hatte v. Zwehl mehr mit Finnen als mit „Finnländern" zu tun,[91] obgleich sein privater Umgang und Freundeskreis überwiegend schwedischsprachig war. Seine Finnischkenntnisse blieben mangelhaft, trotz seiner – wie er schreibt –

[89] IV. [Fjärde] nordiska rotarykongressen i Helsingfors 1934; Suomen Rotarianit – Finlands Rotarianer – Rotarians of Finland 1939; Visapää 1976, 9-10. 85; v. Zwehl: Erinnerungen 1940, 53.
[90] v. Zwehl: Erinnerungen 1940, 53.
[91] Dieses Gegensatzpaar zur Gegenüberstellung von finnischsprachigen und schwedischsprachigen Bürgern Finnlands hat sich im Deutschen durch den Buchtitel von Bolay 1959 eingebürgert, auch wenn es nicht unzweideutig ist.

zahlreichen verzweifelten Versuche, Finnisch zu lernen. Aber: „in meiner Verwandtschaft in Finnland wiederum, war ich zu neutral oder finnenfreundlich“.[92]

Auch wenn v. Zwehl in keiner Hinsicht eine negative Einstellung der schwedischen Sprache gegenüber einnahm, fand er es nicht minder zweckmäßig, finnische Wünsche zu unterstützen, die Schwedisch verdrängten. So forderte er am 22.10.1936 das deutsche Reichsministerium für Volksaufklärung und Propaganda auf, darauf einzugehen, dass die deutsche Presse zukünftig den finnischen Ausdruck „Helsinki“ anstelle des traditionellen und schwedischen „Helsingfors“ verwenden sollte. Dies geschah auf Wunsch von „finnischen Kreisen“ und das Ministerium gab auch am 26.10.1936 eine entsprechende Weisung heraus. Ein Teil der deutschen Zeitungen begannen in der Folge, finnische Ortsnamen geradezu zu kultivieren.[93] *Peltovuori* meint auch, dass v. Zwehl trotz seiner außergewöhnlichen Kenntnis der politischen Verhältnisse in Finnland nicht im Stande war, zwischen Deutschfeindlichkeit und einer kritischen Attitüde gegenüber Nationalsozialisten innerhalb der finnischen öffentlichen Meinung zu unterscheiden.[94]

Wie angespannt und schwer zu handhaben die Situation war, geht aus einem Absatz in den Erinnerungen von Otto v. Zwehl hervor: „Vor allem nach 1933 versuchten beide Lager in Finnland gerne Deutsche in diesen Streit hineinzuziehen. Radikalfinnische Kreise der IKL sagten sogar, dass die Finnen es mit den Schweden wie Deutschland mit den Juden machen sollten, was wiederum für Deutschland wie manche andere IKL-Aktion die unangenehme Rückwirkung hatte, dass dadurch die in schwedischsprechenden Kreisen bedeutend schlechtere Einstellung gegenüber dem nationalsozialistischen Deutschland noch verstärkt wurde.“[95]

Radikalfinnische Ansätze, die Schwedischsprachigen in Finnland mit den Juden in Deutschland gleichzusetzen, waren früher, zumindest 1921, zum Ausdruck gekommen.[96] Ein Ingenieuroffizier der Armee, *Ensio Uoti,* hielt 1933 Reden vor dem Nationalsozialistischen Verband Finnlands (Suomen Kansallissosialistinen Liitto / Finlands Nationalsocialistiska Förbund). Anfang der 1920-er Jahre hatte er sich mehrere Jahre zu Studienzwecken in Deutschland aufgehalten, sich dabei tief von der NS-Bewegung beeindrucken lassen und richtete nun seine Angriffe gegen Juden und Finnlandschweden. In seinen Reden behauptete er: „... vår judefråga utgörs av

[92] v. Zwehl: Erinnerungen 1940, 42-43.
[93] Peltovuori 2005, 96-97.
[94] Peltovuori 2005, 196-197.
[95] v. Zwehl: Erinnerungen 1940, 43.
[96] Lagerborg 1946, 311.

svenskarna".[97] Gemäß dem Parteiprogramm für die neue Partei, die Uoti später gründete, die Finnisch-Sozialistische Arbeiterpartei (Suomalais-sosialistinen Työväen Puolue / Finsksocialistiska Arbetarpartiet) von 1935, sollten Juden vertrieben werden können und alle „Nicht-Finnen" von verantwortungsvollen Posten im öffentlichen Leben entfernt werden.[98] Der SS-Unterscharführer *Eric Nupnau* stieß bei seiner Aufgabe, die Briefe der SS-Freiwilligen Finnlands zu zensieren, auf finnischsprachige Formulierungen, die übersetzt etwa lauten: „Nun werden die Schweden in Finnland ausgerottet oder fortgejagt, genau wie das Judenpack in Deutschland.[99]

Wirken gegen den britischen Einfluss. Otto v. Zwehl schreibt, dass er in seiner politischen und handelspolitischen Tätigkeit die offizielle finnländische Haltung vom professionellem Standpunkt aus betrachtete: „Und dieses offizielle Gesicht war eben überwiegend englisch-freundlich und nur in Ausnahmefällen deutschfreundlich".[100] Eine seiner hauptsächlichen – und zugleich eine undankbare – Aufgabe war es, dem starken britischen Einfluss in Finnland entgegenzuwirken. Die Anzeichen sah man auf mehreren Gebieten: eine wachsende Zahl von Rotary Clubs – die Idee aus den USA hatte 1914 auf den Inseln Fuß gefasst –, Besuche britischer Bischöfe, Populärkultur und Unterricht in Englisch in den Lehranstalten. Die britische Durchschlagskraft wuchs insofern als sich insbesondere die Exportindustrie nach Großbritannien ausrichtete, ein Teil der Presse für britische Einschätzungen empfänglich war und auch in der Öffentlichkeit ein aktives Interesse für das Land bestand. Mitglieder der britischen Handelskammer in Finnland waren u.a. der Direktor der Reederei Finska Ångfartygs Aktiebolaget (FÅA), *Henrik Ramsay,* und *Risto Ryti.* Die „Buy British"-Woche im September 1933, organisiert vom Vorstandsvorsitzenden des Exportverbandes *Rolf Berner,* dem Direktor des Finnischen Außenhandelsverbandes *Jaakko Kahma* und dem finnischen Legationsrat und Redakteur *Marcus Tollet* war recht erfolgreich.[101]. Letzterer kann übrigens als ein britisch orientierter Kollege und v. Zwehls Konkurrent angesehen werden, denn Tollet war Sonderkorrespondent für Reuters Telegrammbüro und Besitzer des Pressezentrums „Presscentralen".

Die britische Handelsvereinigung hatte im Vergleich zur deutschen den Vorteil, dass ihr sowohl britische als auch finnländische Mitglieder angehörten. Im Gegensatz zur deutschen Handelskammer konnte jene die finnländische Groß- und Exportindustrie an sich binden; vor allem die holzverarbeitenden Firmen waren gut vertreten.

[97] Planting 2013, 30.
[98] Uoti 1955, 236.
[99] Nupnau 1946, 140.
[100] Ibid. 55.
[101] Ibid. 22.

Im November 1933 trat Finnland dem Oslovertrag bei,der Grundlage eines Handelsverbunds der nordischen Länder und der Beneluxstaaten, der bis 1937 tätig war.[102] Obgleich auch die Deutsche Handelskammer mit dem Handel Finnlands auf gutem Fuße stand, traten doch die prominentesten Firmenchefs der britischen Handelsvereinigung bei. Wenn auch die Einstellung der leitenden Industrie- und Kaufleute den Deutschen gegenüber nicht negativ war, kam es doch regelmäßig zu probritischen Äußerungen und kleinen Demonstrationen mit antideutschen Spitzen. So erzählt v.Zwehl in irritiertem Ton, wie in Zusammenhang mit einer Verhandlung über ein Verrechnungsabkommen in der finnischen Nationalbank 1938 ein anspruchsloses Frühstück in einem Restaurant arrangiert wurde. Die Deutschen hatten kleine Hakenkreuzfahnen auf ihre Tische gestellt, aber Ryti ließ diese entfernen.[103]

Ein anderes Beispiel, das v. Zwehl sehr irritierte, stammt aus dem Jahr 1936, als der deutsche Unternehmer *Hemsoth* in Berlin, von der deutschen Regierung unterstützt, in Zusammenarbeit mit der finnischen Firma Suomen Kalastus Handelsfischerei mit Petsamo als Basis betreiben wollte. Die finnländische Regierung akzeptierte den Firmengründungsplan jedoch nicht, weil die Minister *Väinö Tanner* (SDP), *Väinö Voionmaa* (SDP) und *Rudolf Holsti* (Fortschrittspartei) in den britischen Nickelkonzessionen in Petsamo eine politische Rückversicherung sahen. Diese Frage wurde noch 1937 erörtert und bekam 1940 eine neue Aktualität, als Finnland nach dem Winterkrieg mit der Annäherung an Deutschland begann.[104]

Um den britischen Positionen entgegenzuwirken, versuchte v. Zwehl in erster Linie vermehrten deutschen Einkauf zu bewirken, da er der Meinung war, dies würde Großbritanniens Einfluss, der auch seine eigenen Probleme hatte, die Spitze brechen. Er äußerte oft in Berlin, etwas übertrieben, dass man mit 100.000 – 200.000 t Zellstoffimport die Finnen gewinnen könne. [105]

Kampf gegen Auswüchse nationalsozialistischer Propagandavorstöße. Während der 1930er Jahre herrschte in Deutschland ein Machtkampf zwischen *Josef Goebbels* im Reichsministerium für Volksaufklärung und Propaganda, *Joachim v. Ribbentrop* im Auswärtigen Amt und *Alfred Rosenberg* in der Nordischen Gesellschaft. Die Konstellationen wechselten; zeitweise befand sich die eine oder andere Instanz in einer überlegenen Position. Die in Lübeck beheimatete Nordische Gesellschaft wurde 1933 von den Nationalsozialisten übernommen, führte eine aktive Politik

[102] Eskelinen 1966, 102.
[103] Ibid. 24-25.
[104] Ibid. 25-26.
[105] Ibid. 27.

gegenüber Skandinavien und Finnland und unternahm viele Versuche, Nationalsozialismus, Judenfeindlichkeit und deutsches Rassedenken in die nordischen Kulturkreise hineinzutragen. Der Widerhall blieb jedoch überwiegend lahm, denn die meisten der nordischen einflussreichen Persönlichkeiten wehrten sich gegen die offene nationalsozialistische Propaganda, wie sie in der Zeitschrift der Gesellschaft, „Norden", ihren jährlichen „Reichstagen" in Lübeck und den zahlreichen Einladungen zu deutschen Kulturereignissen zum Ausdruck kam. Auch v. Zwehl nahm eine sehr skeptische Haltung gegenüber der Nordischen Gesellschaft ein und war der Meinung, dass deren Tätigkeit geradezu schädlich war.[106]

Über ihre „Konkurrenzorganisation", die oben näher behandelte Nordische Verbindungsstelle, aber auch durch die Reichswirtschaftskammer bekämpfte v. Zwehl deshalb ab 1933 die Nordische Gesellschaft. Er arbeitete zu diesem Zweck mit dem Sekretär der Nordischen Verbindungsstelle, *Dr. Walter Klein,* zusammen. Dieser verwendete laut v. Zwehl die Deutsche Handelskammer in Helsinki als Deckadresse und v. Zwehl als persönlichen Vertreter. Mit dem gleichen Ziel arbeitete v. Zwehl mit *Werner v. Grundherr* zusammen, der 1925-1934 als Legationsrat an der Deutschen Botschaft Helsinki tätig war und danach Chef der Skandinavien-Abteilung im Auswärtigen Amt wurde. Vergleichbar war v. Zwehls Kooperation mit seinem nahen Bekannten *Dr. Franz Züchner*, dem sog. Skandinavien-Referenten im Reichsministerium für Volksaufklärung und Propaganda.[107] In der Nordischen Gesellschaft, der sog. Dienststelle Ribbentrop im Auswärtigen Amt und dem sog. außenpolitischen Büro (Außenpolitisches Amt) der NSDAP kamen hin und wieder Ansätze zum Ausdruck, Einfluss durch den rechtsgerichteten finnischen Verband IKL auszuüben. Obgleich v. Zwehl in den Jahren 1938-1939 aktiv dazu beitrug, die Reisearrangements für Rechtsaktivisten innerhalb der IKL und auch der sog. *Kalsta*-Bewegung („Suomen Kansan Järjestö", „Finlands Folkorganisation") nach Deutschland[108] zu fördern, sah er diesen Weg als sehr bedenklich an. So keimte in der Dienststelle Ribbentrop der Gedanke, die Zeitung „Ajan suunta " („Richtung der Zeit") zu finanzieren, aber es kam – soweit bekannt – nicht zur Auszahlung finanzieller Unterstützung. Gemäß v. Zwehl resultierte jeder nazifreundliche Artikel in der IKL-Presse in zehn Mal so vielen Gegenartikeln in der übrigen finnischen Presse, weshalb er die offene nazistische Agitation dämpfen wollte.[109]

---

[106] Ibid. 13-14
[107] Ibid. 15-17; Westerlund 2011, 175.
[108] Hiedanniemi 1980, 150-151.
[109] v. Zwehl: Erinnerungen 1940, 19-20.

Die beschwerliche Stellung als „Mischling"

Die Machtübernahme durch die Nationalsozialisten 1933 verkomplizierte vor allem unter rassistischen Gesichtspunkten v. Zwehls Stellung.

Die Großmutter als Belastung. Otto v. Zwehls Großvater *Otto v. Faber du Faur* heiratete 1855 *Marie Benedict*, die Jüdin war und mit der Verheiratung zum protestantischen Bekenntnis konvertierte. Da somit deren Tochter Maria v.Faber du Faur Halbjüdin war, galt v. Zwehl als Vierteljude. Vor 1933 hatte dieser Hintergrund keine besonders große Bedeutung, auch wenn er für seine Eltern und deren sechs Kinder offenbar unangenehm war. Innerhalb der Familie wurde die jüdische Abstammung der Großmutter nahezu verschwiegen, und die Eltern behandelten die Sache nicht mit den Kindern, welche jedoch untereinander darüber sprachen. Über die Attituden innerhalb der Geschwisterschar schreibt v. Zwehl: „Ja, wir waren sogar eigentlich passiv antisemitisch eingestellt. Obwohl selbst betroffen, fanden meine Geschwister und ich sogar im Antisemitismus des Nationalsozialismus viel Berechtigtes".[110]

Die sog. Nürnberger Gesetze von 1935 klassifizierten jüdische „Mischlinge" oder „Halbblut" erster oder zweiter Klasse. Bei der Volkszählung des Jahres 1939 wurde festgestellt, dass die erste Gruppe bis zu 72.000 ausmachte und die zweite bis zu 39.000; höhere Grade wurden nicht registriert.[111] Nach der Machtübernahme der Nationalsozialisten in Deutschland 1933 mussten alle Angestellten im öffentlichen Dienst wiederholt Fragebogen ausfüllen, in welchen u.a. nach ihrem rassischen Hintergrund gefragt wurde. Weil v. Zwehl gewissenhaft die verlangten Auskünfte gab, wurde er von den deutschen Behörden systematisch als „Mischling" klassifiziert. Sowohl die Nationalsozialisten als auch die Gesetzgebung und die Behörden maßen dem Ausdruck „Mischling" eine sehr negative Bedeutung zu. Im heutigen Deutschland wird das Wort nahezu nur für die Bezeichnung von Rassekreuzungen von Hunden oder dergleichen verwendet.

v. Zwehls zum Teil jüdische Abstammung war bereits in den 1930er Jahren in Finnland auch außerhalb der deutschen Kreise bekannt.[112] Seine Frau Beate Sophie erfuhr von der jüdischen Abstammung erst 1933 und die Tochter Maria wurde 1938 als Sechzehnjährige davon unterrichtet. Sie wusste jedoch bereits früher etwas darüber, nachdem die BDM-Leiterin *Helga Martens* in der Deutschen

---

110 Ibid.60.
111 Mischling. en.wikipedia/wiki/Mischling.
112 Boelcke 1966, 264; Peltovuori 2005, 36.

Schule v. Zwehls Töchter als „Judenmädels" bezeichnet hat. v. Zwehl schrieb nicht ohne Bitterkeit: „Mein Geschick unterscheidet sich hierin nicht von dem Tausender anderer. Wir Kinder haben meiner lieben Mutter nie eingestanden, wie wir alle mehr oder minder große Schwierigkeiten nach 1933 wegen unserer Abstammung bekamen und weiter daran festgehalten, dass alle Großmuttergespräche ‚tabu' waren. Meine Mutter ahnte es aber."[113]

Aktionen gegen v. Zwehl. In seinen Erinnerungen beleuchtet v. Zwehl, wie er nach 1933 Ziel verschiedener Aktionen wurde, in denen er als Jude bezeichnet wurde. So erhielten sowohl er als auch seine Frau oft per Post anonyme Sendungen, die Exemplare der judenfeindlichen Zeitungen der Partei „Der Stürmer" oder „Das Schwarze Korps" enthielten. Darin waren Hetzartikel über Blut- und Rassenfragen unterstrichen. Er vermutete als Absender den erfolglosen und der Konkursvergehen verdächtigten Geschäftsmann *Willhelm Martens,* der Parteimitglied war. Dieser erhielt jedoch von der Partei die Anweisung, v. Zwehl in Frieden zu lassen. Ein anderes Parteimitglied, das gegen v. Zwehl hetzte, war der Geschäftsmann *Leopold Leitgeb,* den v. Zwehl als Schwindler bezeichnete. Leitgeb verfasste ein Pamphlet über „die verjudete Handelskammer" in Helsinki und verbreitete dieses außer in Finnland auch an vielen Dienststellen in Deutschland. Der Handelsreisende *Max Pferdekämpfer* gab v. Zwehl in einem Schreiben als Juden an. Pferdekämpfer hatte als eines der ersten von 100.000 Parteimitgliedern und Inhaber des goldenen Parteiabzeichens das Recht, direkt Hitlers Stellvertreter Rudolf Hess zu kontaktieren. „Aber auch das wurde glücklich abgewehrt, da mich die Partei in Finnland ebenso wie alle Dienststellen in Berlin loyal völlig deckten, was ich anerkennen muss", kommentierte v. Zwehl den Fall.[114]

Die Vorsitzenden der Handelskammer *Weidmann* und später *Mahnken* hatten den jüdischen Geschäftseinfluss in Finnland und das Vertrauen, das jüdische Unternehmen in der Wirtschaft genossen, zu überwachen. Diese Kontrolle hatte zum Ziel, Geschäfte mit jüdischen Firmen zu verhindern und die Arisierung des deutschen Handels in Finnland durch die Kontrolle von volks- und reichsdeutschen Handelsvertretern zu fördern. Über diese schreibt v. Zwehl: „Waren letztere nicht genehm, so versuchte man oft, auch in Finnland, ihnen, wenn sie ersetzbar waren, die deutschen Agenturen zu entziehen. Waren sie nicht ersetzbar, drückte man beide Augen zu. Gottseidank hatte ich mit dieser Spitzelaufgabe dank meiner Nicht-

---

[113] v. Zwehl: Erinnerungen 1940, 74.
[114] Ibid. 64-67.

PG-Eigenschaft nichts zu tun. Was meine Handelskammervorsitzenden gemacht haben, weiß ich nicht, da ich als Nichtparteimitglied nicht hineingezogen wurde".[115]

Keine Sanktionen im Hinblick auf v. Zwehls Abstammung durch die Pressebehörden. Die Nürnberger Gesetze und das Wehrgesetz des Jahres 1936 unterwarfen „Mischlinge" einer Reihe von Beschränkungen betreffend Eheschließung, Ausbildung und Berufsausübung. Ein „Mischling" konnte auch nicht Offizier sein. Keine solcher Beschränkungen wirkten sich anfangs auf v. Zwehl aus, da er bereits ein deutsches Examen besaß, verheiratet war und den Offiziersrang innehatte. Als Schriftleiter von DNB und ED hätte v. Zwehl eigentlich dem Reichsverband der Deutschen Presse angehören sollen, da die Mitgliedschaft für Berufsausübende in der Branche obligatorisch war. Als „Mischling" konnte er jedoch nicht Mitglied werden, und v. Zwehl führte eine mehrjährige Korrespondenz mit den übergeordneten Instanzen in Berlin, welche jedoch vorzogen, bezüglich seiner Abstammung durch die Finger zu sehen. Auch die Ortsgruppe der NSDAP in Helsinki kehrte die Sache unter den Tisch.[116]

Über seine persönliche Situation schreibt v. Zwehl: „Wenn ich meine Position bis zum Ende halten konnte, so war es mir klar, dass dies nur möglich war, weil man mich brauchen konnte, weil ich in Finnland zu bekannt war und weil man kein Aufsehen erregen wollte. Die ganze deutsche Kolonie kannte natürlich meinen,Fall' und damit wussten es sicherlich bei dem großen Kreis eingeweihter Freunde und Feinde auch finnische Kreise mehr oder minder genau, dass ich ‚Mischling' war."[117]

Verweigerung der Annahme zum Dienst in der Wehrmacht. Die Nürnberger Gesetze und § 15 des Verteidigungsgesetzes vom 21.5.1935 besagten, dass „Mischlinge" wohl als wehrdienstpflichtig angesehen wurden, aber keinen Dienst als Offizier leisten oder überhaupt irgendeinen höheren militärischen Dienstrang bekleiden konnten. In besonderen Fällen konnten Parteiinstanzen aber verdiente „Mischlinge" arisieren.[118] Entsprechende Fälle gab es jedoch relativ wenige, obgleich militärisch verdiente Juden und „Mischlinge" als Gruppe nicht ganz unbedeutend waren. In der deutschen Armee diente somit eine verhältnismäßig große Anzahl von Juden und „Mischlingen". Am ersten Weltkrieg nahmen 96.000 jüdische Männer teil, darunter 10.000 Freiwillige. Von den im Frontdienst eingesetzten Juden fielen 12.000 Männer.[119] Die Anzahl der Juden in der Wehrmacht während

[115] Ibid. 68; Schweitzer 1998, 54.
[116] v. Zwehl: Erinnerungen 1940, 68-69.
[117] Ibid. 70.
[118] Wette 2006, 78.
[119] Stillschweig 1946, 12.

des 2. Weltkrieges wurde auf 2000-3000 geschätzt und die Anzahl der „Mischlinge" auf 150.000 bis 200.000.[120]

Otto v. Zwehl hatte gute Kontakte zur Wehrmacht. Von den 60 Überlebenden seines Offizierskurses von 1913 wurden alle während der 1930er Jahre mindestens zum Obersten befördert, wobei der eine oder andere auf seine Ernennung zum General wartete. Zu Beginn des Jahres 1935 machte v. Zwehl den erfolglosen Versuch, über seine Kameraden im Kriegsministerium als Freiwilliger an einem Kurs für Reserveoffiziere teilzunehmen. Auch der Militärattaché in Finnland, Oberst *Horst Rössing,* versuchte 1937-1938 v. Zwehls Anliegen zu unterstützen, wobei sich Reichssportführer *Tschammer und Osten* bereit erklärte, die Sache bei Hitler persönlich anzusprechen, und v. Zwehl reichte am 2.1.1938 seine Personalangaben ein. Erst ein gutes Jahr später, am 19.1.1939, kam eine unklare, aber in der Praxis ablehnende Antwort durch Tschammer und Ostens Adjutant. Nach Überlegungen mit Rössing beschloss v. Zwehl, die Sache auf sich beruhen zu lassen, da sein Ansuchen im Grunde zwecklos war. Viele tausende verdiente „Mischlinge" hielten bei Hitler um die „Ariererklärung" an, welcher 10 % der Anträge von Halbjuden und 60 % von Vierteljuden genehmigte.[121] Aus irgendeinem Grund gehörte v. Zwehl jedoch zu dem kleineren Teil, der unberücksichtigt blieb. War eventuell die Tatsache seiner Zugehörigkeit zum Adel ein Greuel für Hitler? Der Ausgang war auf jeden Fall eine große Enttäuschung für ihn, und er kommentierte dies mit folgendem Passus: „Der Soldatenberuf war nun mal der einzige, bei dem ich mich restlos wohl gefühlt habe, und schließlich kam ich von meiner in Generationen vererbten Vorliebe dafür nicht los (.....). Als alter Frontoffizier des Weltkrieges empfand ich diese Ablehnung als eine tiefe Beleidigung, gegen die ich aber wehrlos war."[122]

Otto v. Zwehls Verhältnis zur NSDAP. Otto v. Zwehl schreibt, dass er aus Überzeugung das meiste am Nationalsozialismus akzeptieren konnte, obgleich er innerlich von gewissen Einzelheiten Abstand nahm. Vor allem unterstützte er das antikommunistische Programm der Nationalsozialisten bis zum deutsch-sowjetischen Nichtangriffspakt vom 23.8.1939.[123]

Der erste Leiter der Ortsgruppe Helsinki der NSDAP war Oberleutnant *Hermann Souchon*, der seit 1920 als Geschäftsmann und Angehöriger der Deutschen Botschaft in Finnland tätig war. Souchon hatte am 15.1.1919 die namhafte Spartakistin

---

[120] Rigg 2002, 38-42, 268.
[121] Ibid. 194.
[122] v. Zwehl: Erinnerungen 1940, 72-73.
[123] Ibid. 7.

Rosa Luxemburg in Berlin durch einen Kopfschuss aus seiner Pistole ermordet.[124] Otto v. Zwehl kannte ihn und seine Tat. Er schreibt: „Souchon hatte dann später irgendwelche Verbindungsaufträge der deutschen Polizei und arbeitete mit der finnischen Polizei in Fragen der Kommunistenüberwachung zusammen, doch kenne ich keine Einzelheiten. Er erhielt dann von Finnland die Weiße Rose dafür".[125] v. Zwehls Angaben dürften korrekt sein. Oberleutnant Souchon erhielt 1930 das Großkreuz der Weißen Rose Finnlands mit Ritterzeichen.[126] Als Souchon sich entschloss, im Sommer 1933 nach Deutschland zurückzukehren, wollte er, dass v. Zwehl seine Stelle einnähme. Darüber schreibt v. Zwehl: „Von mir auf meine Abstammung aufmerksam gemacht, sagte Souchon nur, dass ihm diese schon längst bekannt sei, dass dies aber kein Hindernis sei". Otto v. Zwehl wollte jedoch keine sog. Ariererklärung unterschreiben, da im Lichte der Nürnberger Gesetze des Jahres 1935 unklar war, was mit Ariern gemeint war. An seiner Stelle wurde der Vorsitzende der Handelskammer Heinrich Weidmann neuer Leiter der Ortsgruppe, was v. Zwehl veranlasste zu reflektieren: „Ich hatte Weidmann vorgeschlagen, wobei es mir selbst merkwürdig vorkam, wie gerade ich als Nichtarier zu diesen Ehren kam".[127]

Auch *Dr. Bernhard Ohling* vom DNB und der Vorsitzende der Handelskammer Heinrich Weidmann versuchten, v. Zwehl zum Beitritt zu überreden. Otto v. Zwehl gab ersterem seine Personalangaben und schrieb am 8.5.1933: „Ich möchte nochmals feststellen, dass Herr Souchon an mich wegen Beitritt zur Ortsgruppe herantrat und nicht umgekehrt. Ich hielt es nämlich für richtig, gerade wegen meiner Abstammung nicht selbst um Aufnahme in der Partei nachzusuchen, so sehr ich auch mit ihren Zielen sympathisierte. Auch wollte ich nicht in den falschen Verdacht eines ‚Konjunkturritters' kommen. Ich bitte sie also (wie mündlich mit Weidmann und mir besprochen) daher streng vertrauliche Vorerhebungen anzustellen, ob gegen meine Aufnahme in die Ortsgruppe irgendwelche Bedenken bestehen (.....)". Später erklärte Weidmann, dass die Partei v. Zwehls „tragischen Fall" sehr bedauerte, aber eine Ausnahme nicht möglich war.[128] Die Antwort war eine Enttäuschung für v. Zwehl, vor allem, da seine Tätigkeit als Syndikus durch seine Nichtmitgliedschaft in der Partei wesentlich erschwert wurde. Die Direktoren der übrigen Handelskammern

---

[124] Der Mord an Rosa Luxemburg und Karl Liebknecht. Dokumentation eines politischen Verbrechens 1968; vgl. de.wikipedia.org/wiki/Hermann_Souchon.

[125] v. Zwehl: Erinnerungen 1940, 63.

[126] Seuraaville Saksan kansalaisille on annettu Suomen Valkoisen Ruusun suurristi [Folgenden deutschen Staatsbürgern wurde das Großkreuz der Weißen Rose Finnlands verliehen] (1919-41). Utmärkelser 49:79 1918-50 Saksa. Ulkoasiainministeriön arkisto.

[127] Ibid. 63-64.

[128] Ibid. 64-65.

waren ausnahmslos Parteimitglieder, wo-bei sie gleichzeitig als die Wirtschaftsfachleute ihrer Ortsgruppen fungierten: „Die Ortsgruppen im Auslande bauten sich überhaupt allmählich, dem Auslandsgauleiter *Wilhelm Bohle* in Berlin unterstehend, zu kleinen Gesandtschaften mit Referenten für alles mögliche aus und berichteten über allerlei Auslandsfragen direkt an die Partei unter Umgehung der Gesandtschaften. Dies wurde in der ganzen Welt und natürlich auch bei der Gesandtschaft in Finnland eine Quelle steter Reibung zwischen Ortsgruppenleiter und Gesandten, die aber von der Partei bewusst beibehalten wurde, in erster Linie zur Gesinnungskontrolle der Gesandtschaften (....)". Die Handelskammer hatte fortlaufend eine starke Stellung in der Ortsgruppe, als ihr neuer Vorsitzende Klaus G. Mahnken Weidmann nachfolgte.[129]

Otto v. Zwehl fasste seine Eindrücke bezüglich der Parteifrage in folgende Gedankengänge: „Je mehr die Partei sich auch im Auslande durchsetzte und nur Parteigenossen in leitenden Stellen duldete, desto schwieriger wurde meine Stellung. Trotzdem konnte ich bis zuletzt auch gegenüber der Ortsgruppe in Finnland in allen Werbefragen meine gemäßigten Ansichten, oft nach heftigen Diskussionen mit häufig aus Deutschland erschienenen Parteigenossen, durchsetzen und erreichte auch über meine Handelskammervorsitzenden, die ja gleichzeitig hohe Parteigenossen und Amtsträger in der finnischen Ortsgruppe waren, dass die ganze Werbung der Handelskammer, Presse, RDV usw., nach wie vor von mir zurückhaltend und unabhängig geleitet wurde (.....). Es war aber sicher richtig, dass ich nie der Partei nachgelaufen bin".[130] Nichtsdestoweniger unterzeichnete er zumindest am 27.12.1939 und 9.1.1940, gerade bevor er als Winterkriegsfreiwilliger in der finnischen Armee einrückte, seine Briefe an *v. Blücher* mit „Heil Hitler"[131] – ein Gruß, der häufig von Parteimitgliedern und regimetreuen Beamten verwendet wurde, aber auch von Oppositionellen, die formell Loyalität signalisieren wollten.

Als reichsdeutscher Freiwilliger im Winterkrieg 1940

Eine besondere Zeitspanne in der Tätigkeit Otto v. Zwehls war stellt seine Teilnahme als reichsdeutscher Freiwilliger am Winterkrieg dar. Gleichzeitig bedeutete diese 4 Monate lange Periode einen Wendepunkt in seiner Berufsausübung und seinem Berufsleben. Kurz gesagt ist seine Lebenslinie vorher immer nach oben verlaufen, während er danach auf eine Reihe von Situationen stieß, die er weder voraussehen

---

[129] Ibid. 67.
[130] Ibid. 70.
[131] Ibid. 142, 149.

noch voll kontrollieren konnte. Vor allem sollte die zwölf Jahre lange Periode von 1942-1954, als er zwischen 48 und 60 Jahre alt war, eine Zeit des Niedergangs, der Enttäuschungen und der Zurückgezogenheit werden.

Otto v. Zwehls Kündigung beim DNB im Dezember 1939. Die DNB-Nachrichten, die früher eine Nebenbeschäftigung darstellten, wurden mit Kriegsausbruch v. Zwehls Hauptarbeit, da die Bedeutung der Informationsvermittlung zwischen Finnland und Deutschland stärker betont wurde. Der Ausbruch des Winterkrieges am 30.11.1939 führte zu einer Konfrontation zwischen v. Zwehl in der Eigenschaft als DNB-Chef in Finnland und der deutschen außenpolitischen Leitung. Sowohl das deutsche Radio als auch die deutsche Presse vermittelten in hohem Grade Kommuniqués des sowjetischen Nachrichtenbüros TASS. Die Finnland-Nachrichten, die v. Zwehl aus Helsinki sandte, wurden in Berlin geändert, um in das Bild zu passen, welches das deutsche Außenministerium zu vermitteln wünschte.[132]

Für v. Zwehl wurde die Situation sehr unangenehm, da seine Bekannten in Finnland fälschlicherweise vermuteten, dass er es war, der hinter den Zeitungsschreibereien stand. Wie *v. Blücher* war er außerdem sehr über die wachsende antideutsche Haltung in der finnischen Öffentlichkeit bekümmert. Diese fand ihren Ausdruck in der Ablehnung von Gesprächen auf Deutsch auf der Straße und in der Straßenbahn, Kaufzurückhaltung bei deutschen Warenmarken, Abbruch von Verbindungen usw. [133] Botschafter v. Blücher übermittelte v. Zwehls Beschwerde an das Auswärtige Amt. v. Zwehl sah sich nur in der Lage, als Vertreter des DNB weiter tätig sein zu können, wenn man seine Artikel unverfälscht veröffentliche. Diese Widerspenstigkeit störte Außenminister Joachim v. Ribbentrop, der voraussetzte, dass v. Zwehl wie andere Deutsche auf seinem Platz bleiben und seine Pflicht in Übereinstimmung mit dem, was das Außenministerium für zweckdienlich hielt, tun würde.[134]

Die Haltung, die v. Zwehl und v. Blücher, letzterer in gemäßigterer Form, vertraten, brachte sie auf Gegenkurs zur nationalsozialistischen Leitung in Deutschland.[135] Weil v. Zwehl Ribbentrops Ansicht nicht teilen wollte, legte er seine Vertretung des DNB nieder. Die Reaktion des Außenministers war so stark, dass v. Blüchers Position in Frage gestellt wurde und er einen Verweis erhielt, weil er nicht aus eigener Initiative v. Zwehl korrigiert hatte. Es wurde v. Blücher auch der Umstand zur Last gelegt, dass er v. Ribbentrop keine Informationen über v. Zwehls Verwandte in

---

[132] Ibid. 87-89, 116-129.
[133] Jonas 2010, 114, 116.
[134] v. Zwehl: Erinnerungen 1940, 130-131; Hiedanniemi 1980, 175; Peltovuori 1975, 98.
[135] Jonas 2010, 129-130.

Deutschland gegeben hatte, so dass man eine Verhaftung dieser in Erwägung hätte ziehen können. v. Ribbentrop zeigte seine Unzufriedenheit, indem er v. Blücher in einem Telegramm vom 23.12.1939 zurechtwies und ihn nach seiner Ankunft in Berlin 14 Tage warten ließ, bis er ihn am 12.2.1940 endlich empfing. Nach Ansicht des rasenden Außenministers hätte v. Blücher v. Zwehl im Keller der Botschaft einsperren sollen, um ihn mit einem Sonderflug nach Berlin zu schicken.[136]

Spätestens Anfang Januar 1940 hatte v. Zwehl seine letzten Illusionen bezüglich der deutschen Behörden verloren, was sich zeigte, als er am 11.1.1940 das vorläufige Botschaftsgebäude in Kilo in Espoo (Esbo) besuchte. Darüber hat er folgenden Bericht hinterlassen, der wie einem Kriminalroman entnommen wirkt: „Da ja mein Schritt schon seit 3 Tagen sicher dem Auswärtigen Amt gemeldet war, rechnete ich eiskalt mit allen Möglichkeiten, auch mit meiner Verhaftung. Ich hatte daher meinen geladenen Revolver in der Tasche, orientierte mich, wo ich schnell zum Fenster hinausspringen könnte und hatte mein Auto in Fahrtrichtung Ausgang mit laufendem Motor vor der Türe stehen." Der Besuch verlief jedoch ohne Zwischenfälle.[137]

Eintritt in die finnische Armee. Otto v. Zwehl fasste am 22.12.1939 den Entschluss, als reichsdeutscher Freiwilliger in die finnische Armee einzutreten. Er erkundigte sich über den Justizminister *J.O. Söderhjelm* und den Obersten *Gustav v. Wright* und stellte 4 Bedingungen: Er würde Frontdienst ohne Berücksichtigung des militärischen Ranges leisten, es sollte keine Propaganda mit ihm gemacht werden, er sollte nicht gegen deutsche Truppen eingesetzt werden, und er sollte als Reichsdeutscher aufgenommen werden, ohne den Zwang, finnischer Staatsangehöriger zu werden. Die Antwort erfolgte rasch, er wurde bereits am 23.12.1939 davon unterrichtet, dass Finnland ihn gern und sofort aufnahm. v. Zwehl meldete sich am 9.1.1940 als Freiwilliger bei Oberstleutnant *Carl Voss-Schrader* im Schutzkorpsdistrikt Helsinki und wurde als Hauptmann für die Dauer des Krieges in die finnische Armee aufgenommen.[138]

Otto v. Zwehl meldete sich am 16.1.1940 bei Hauptmann *Gustav-Adolf Ahrenberg* in Vaasa (Vasa), der dort Kommandeur für die Ausbildungszentrale der schweren Artillerie (TykKoul K2) war. Nach Kontakt mit dem Hauptquartier wurde bestimmt, dass er Batteriechef für die erste Batterie der Schweren Sektion 6 (Raskas patteristo 6) unter Major *Birger Marnila* werden sollte.

---

[136] v. Blücher 1950, 189-191; Metzger 1984, 102, 122.
[137] v. Zwehl: Erinnerungen 1940, 151-152.
[138] Ibid. 135-136, 148-149.

Ausbildungdienst in Kruunupyy (Kronoby). In der Nacht vom 19.1.1940 begab sich die Abteilung mit Geschützen, Offizieren und zwei Drittel der Mannschaft nach Kruunupyy, wo die Ausbildung erfolgen sollte. Otto v. Zwehl ließ seine Truppe am 22.1.1940 Aufstellung nehmen und hielt folgende Rede: *„Jag är glad att härmed få övertaga 1. Batteriet. Jag tänker icke hålla långa tal efter grundsatsen att här skall det pratas litet och skrivas litet, men desto mera arbetas – och arbete finns det mycket de nästa dagarna. Vi vill ju alla bli färdiga så snart som möjligt för att kunna rycka ut. Och sen har jag grundsatsen att allt skall så vitt möjligt ske frivilligt – jag är själv likaså som många av Eder frivillig, ty jag var redan 1918 här i Finland med som tysk batterichef, har bott 20 år här i landet och haft det alltid bra. Så jag kände mig skyldig att frivillig inträda i finska armeen och hjälpa till att försvara landet nu – jag tror därför att alla förutsättningar för ett gott samarbete mellan oss finnas."*[139]
Im Übrigen beschloss v. Zwehl, so wenig wie möglich in die Arbeit einzu-greifen, die von seinen drei Fähnrichen erledigt wurde: *Carl Ehlers* als Feuerleitoffizier, *Christian Bruun* als Batterieoffizier und *Nils Erik Hedlund* als Stellungsoffizier. Diese waren alle im Alter von 21-25 Jahren und hatten gute theoretische Kenntnisse, es fehlte ihnen jedoch die praktische Erfahrung. Die Geschütze waren 15 cm Bofors Haubitzen des Jahresmodells 1906. Die Abteilung war motorisiert und verfügte über 13 alte und schwache Lastwagen mit Planen, drei Personenwagen und 4 leichte, als Kriegsbeute genommene sowjetische Tanks, welche als Zugmaschinen für die Geschütze verwendet werden konnten. An die Seiten der Wagen ließ v. Zwehl seine Initiale „Z" als Großbuchstaben malen, gefolgt von einer der Zahlen von 1 - 16. Keiner der Fahrer war ausgebildeter Kfz-Schlosser. Eine Funkergruppe gab es nicht, und Telefone sowie Leitungen nur in begrenztem Ausmaße.[140]

Die Mannschaft bestand zu 2/3 aus Schwedisch-Ostbottniern und der Rest aus schwedischsprachigen Männern aus anderen Teilen des Landes. Auch waren die Männer nicht gerade besonders gut ausgerüstet. Die meisten trugen ihre zivile Bauernkleidung und eine Pelzmütze mit Kokarde, ca. die Hälfte war mit Militärmänteln versehen. Der größte Teil bestand aus Reservisten im Alter von 30-40 Jah-

---

[139] Ibid. 159-162. In deutscher Übersetzung: „Ich freue mich, hiermit die 1. Batterie übernehmen zu können. Ich habe nicht die Absicht, lange Reden zu halten, nach dem Grundsatz, dass man hier wenig reden und wenig schreiben, aber umso mehr arbeiten soll – und Arbeit gibt es in den nächsten Tagen genug. Wir wollen ja alle so schnell wie möglich fertig werden, um einrücken zu können. Und dann habe ich den Grundsatz, dass alles so weit wie möglich freiwillig geschehen soll – ich bin selbst wie viele von Ihnen freiwillig, weil ich bereits 1918 als deutscher Batteriechef in Finnland mit dabei war, 20 Jahre hier gewohnt habe und es immer gut hatte. So empfand ich es als meine Schuldigkeit, freiwillig in die finnische Armee einzutreten und mitzuhelfen, das Land jetzt zu verteidigen – deshalb glaube ich, dass alle Voraussetzungen für eine gute Zusammenarbeit zwischen uns gegeben sind."
[140] Ibid. 164.

ren mit Erfahrung aus Infanterie, Kavallerie oder Nachschub, aber nicht aus der Artillerie. In der Truppe, wie auch in der finnischen Armee im Allgemeinen, herrschte ein demokratischer Grundton, der v. Zwehl fremd, wenn auch sympathisch war. In seinen Erinnerungen schreibt er, dass es notwendig wurde, durch die Finger zu sehen, als er einsah, dass er mit deutscher Schärfe nichts erreichen würde („Mit deutscher Schärfe durfte man diesen Leuten nicht kommen"). Der „schreckliche" ostbottnische Dialekt verursachte ihm Schwierigkeiten, vor allem, da es auch für die Fähnriche aus Uusimaa (Nyland) nicht immer leicht war, diesen zu verstehen.[141]

In der finnischen Armee werden finnische Kommandowörter auch bei den schwedischsprachigen Truppenverbänden benützt. Ein lustiger Zwischenfall ereignete sich, als v. Zwehl der in Reih und Glied aufgestellten Truppe das Kommando „Taakse – poistu!" („Nach hinten – abtreten!") geben wollte, das auf Schwedisch „Språng bakåt, skingring!" lauten konnte. Da aber v. Zwehl Finnisch nicht beherrschte und ihm auch die in Finnland verwendete Militärterminologie nicht sehr geläufig war, brüllte er: „Försvinn!" („Verschwindet!") Das überraschende Kommando erweckte sowohl bei den Männern als auch den Dienstgraden der Batterie viel Heiterkeit. Für v. Zwehl war der Zwischenfall peinlich, aber auch er konnte diesen zumindest später von der humoristischen Seite nehmen.[142]
v. Zwehl erinnerte sich, wie freundlich die Bevölkerung in Kruunupyy und vor allem die Lottas, die uniformierten weiblichen Arbeitskräfte innerhalb der militärischen Versorgung, waren. Er war bei der alten, unverheirateten Dorfschullehrerin *Ruth Hannus* einquartiert, die sich fürsorglich um ihn bemühte und versuchte, seinen hartnäckigen Husten mit warmer Milch mit Emsersalz und regelmäßig Sauna am Sonnabend zu kurieren.

Nach und nach führte v. Zwehl deutsche Ordnung in den praktischen Details der Batterie ein. Für jedes Auto ließ er eine mit „Z" markierte Ausrüstungskiste anfertigen und ein Bedarfsverzeichnis erstellen, und sogar die Butterröllchen, die die Feldküche herstellte, wurden mit „Z" versehen. In seinen Erinnerungen schreibt v. Zwehl, dass dies eine typisch deutsche, pedantische Adjutantenarbeit war, bei der ihm seine Kriegserfahrenheit und die Kenntnis der Materialpflege zugute kamen. Sein Vorgesetzer, ein Major, fand das Arrangement so anwendbar, dass er es auch in den anderen Batterien in Gebrauch nehmen ließ. „Meine Aktien als Fachmann stiegen langsam", notierte v. Zwehl zufrieden.

---

[141] Ibid. 162.
[142] Von Frau Maria Faulmüller mitgeteilt.

An der Front bei Summa. Das Hauptquartier trieb zur Eile an, obwohl die Batterien in nur halbfertiger Verfassung waren. Als sich die Batterie am 13.2.1940 an die Front begab, betrug die Temperatur unter minus 30 Grad. Zwei der Autos und einer der Tanks ließen sich nicht starten. Zuerst war die Abteilung für die Front nördlich des Ladoga-Sees gedacht, aber aufgrund des sowjetischen Durchbruchs bei Summa wurde sie am 14.2.1940 vom Bahnhof Jyväskylä per Zug über Pieksämäki und Kouvola nach Viipuri (Viborg) umgeleitet und traf am folgenden Tag in Hovinmaa, 10 km westlich der Stadt ein. Von dort begab sich die Abteilung zu den Feuerstellungen westlich von Summa: die 1. Batterie ins Gebiet nördlich der Bahngeleise bei Honkaniemi sowie die zweite und dritte Batterie in den Wald nördlich von Näykkijärvi. Die Abteilung unterstützte dort während einer guten Woche die 5. Division in den sog. Mittleren Stellungen.[143]

Otto v. Zwehls Batterie eröffnete das Feuer zum ersten Mal am 20.2.1940, schoss jedoch nur ca. 100 Granaten pro Tag, da der Munitionsvorrat sehr begrenzt war. Danach zog die Abteilung am 29.2.1940 nach Huusniemi, zwei Kilometer nördlich von Viipuri und weiter in rückwärtige Stellungen nordwestlich von Tammisuo. Dort unterstützte sie die Division in der sog. T-Stellung. Diese wurde von der hinteren Verteidigungslinie (taka-asema auf Finnisch) ausgemacht und verlief entlang der Linie Viipuri-Tali-Näätälä-Kaltovesi-Vuoksi (Viborg-Vuoksen). Die Batterie verschoss vom 8.-9.3.1940 ca. 150 oder 200 Granaten pro Tag und zog sich am 13.3.1940 nach Lavola* zurück. Um 11 Uhr verstummte die sowjetische Artillerie und um 13 Uhr kam die Mitteilung an den Bataillonsstab, dass Frieden geschlossen worden war.[144]

Otto v. Zwehl fasste die Situation zusammen: „Die Batterie nahm die Nachricht kopfschüttelnd und ohne Begeisterung auf. Nachmittags kam der Befehl: Nachtmarsch nach Nuijamaa bei Willmanstrand (Lappeenranta), zugleich Gerüchte, dass der Friede sehr schlecht sei. Damit war also der Krieg zu Ende. Meine Batterie hatte genau 1000 Schuss verschossen, die ganze Sektion insgesamt 2000 (....) Mein finnischer Feldzug war kurz, aber interessant. Ich hatte mich allmählich gut mit meinen Leuten und Fähnrichen zurechtgefunden und fand mich in meiner Arbeit hoch befriedigt. Ich hatte mich eigentlich seit Jahren nicht mehr so glücklich und frei gefühlt, wie während meiner kurzen Dienstzeit. Es war normaler Frontdienst

---

*Zu diesem Ortsnamen gibt es keine russische Entsprechung; wahrscheinlich ist der Wohnplatz heute nicht besiedelt.

[143] Hakala-Santavuori 1960; Stenström 1995,70; Juutilainen 1997, 133. Heutige russische Namen der Gefechtsorte s. Register.

[144] v. Zwehl: Erinnerungen 1940, 167, 171, 174, 177-179.

gewesen, ohne Gelegenheit, besondere Heldentaten zu verrichten. Aber blamiert hatte ich mich auch nicht; so war ich zufrieden."[145]

Der Eindruck eines Untergebenen Otto v. Zwehls. Innerhalb seiner Mannschaft war v. Zwehl ein beliebter Batteriechef, und einer der Untergebenen schrieb in einer kleinen Erinnerung 1960 über den „langen und angenehmen Mann". Als die Stellungen der Batterie einmal unter Granatbeschuss lagen und die Nerven der Männer auf die Probe gestellt wurden, machte v. Zwehl den Eindruck, keine Angst zu haben und erklärte: „Ich will meiner freiwilligen Feuerwehr zeigen, dass dies nicht so gefährlich ist". Der Erzähler berichtet über ein Gespräch in einer Rauchpause: „Ich bot ihm eine Zigarette an. Er war ein eingefleischter Pfeifenraucher und antwortete: ‚Nein, danke! Erst wenn der Pfeifentabak ausgeht, nehme ich eine Zigarette und stopfe sie in die Pfeife.' ‚Und wenn die Zigaretten ausgehen?' ‚Da fängt der Krieg erst richtig an ...' Wir fühlten uns in seiner Gesellschaft wohl, vielleicht er auch in unserer. Die Bekanntschaft war von kurzer Dauer. Unsere Wege schieden sich am Ende des Winterkrieges. Aber ich weiß, dass sich unsere Gedanken oft getroffen haben, seine und unsere".[146]

Das britische Flugblatt über München. In den ersten Monaten des Jahres 1940 warfen britische Flieger große Mengen Flugblätter über Süddeutschland ab. Diese beinhalteten einen Text über den zunehmenden Widerstand gegen die deutsche Regierung und die Nennung des Oppositionsmannes Ernst „Putzi" Hanfstaengl als Beispiel. Sie enthielten jedoch auch eine Fotografie von Otto v. Zwehl mit richtigen Personenangaben und die Überschrift „Es gibt noch anständige Deutsche". v. Zwehl erfuhr von der Existenz des Flugblatts erst im Juni 1940, als ihn der deutsche Presseattaché *Metzger* darüber aufklärte. Otto v. Zwehl war über diese Informationen sehr aufgebracht, und sie ließen ihn über „die englischen Hunde" und den „Reuterhund Morgan", Korrespondent des Nachrichtenbüros Reuter in Helsinki, schreiben, der seinen Namen missbrauchte, obwohl er ihn im Januar gebeten hatte, dies nicht zu tun. Indem er ein populäres deutsches Soldatenlied travestierte, folgerte v. Zwehl: „Na, ich darf ja jetzt auch gegen Engeland mitfahren".[147]

---

[145] Ibid. 180.

[146] Otto v. Zwehl. Nachruf in der Jakobstads Tidning, gez. S.M.I. 10.2.1960.

[147] Ibid. 183, 211. – v. Zwehl spielt auf das zu Kriegsbeginn 1914 von dem „Heidedichter" Hermann Löns einer älteren Volksliedmelodie unterlegte Gedicht an, dessen Refrain lautete: „Leb wohl, mein Schatz, leb wohl, denn wir fahren gegen Engeland."

1. Jahrgang Nr. 7 Luftpost-Ausgabe

WOLKIGER BEOBACHTER

Deutscher Diplomat in der finnischen Armee

Herr Otto von Zwehl, Handelsattaché an der deutschen Botschaft in Helsinki und Korrespondent des Deutschen Nachrichtenbüros, hat sich als Freiwilliger zur finnischen Armee gemeldet.

Die unparteiischen Kriegsberichte, die er über den russischen Überfall nach Deutschland schickte, wurden nicht veröffentlicht. Manchmal geschah es sogar, daß erfundene Berichte unter seinem Namen erschienen.

Eine Notiz aus dem Flugblatt „Wolkiger Beobachter", dass die Briten vom 27.8.1940 an über Deutschland abwarfen. Der Ton war bissig, wenn auch leicht humoristisch. Der Titel des Flugblatts ist eine Parodie auf den „Völkischen Beobachter", das offizielle Organ der NSDAP, und trägt den Zusatz „Luftpost-Ausgabe".

Das von Otto v. Zwehl erwähnte Flugblatt war bisher nicht in den einschlägigen Sammlungen aufzufinden. Jedoch enthielt der „Wolkige Beobachter" Nr. 7, 1940, der zum ersten Mal von den Briten am 27.2.1940 abgeworfen wurde, eine kleine Notiz über ihn. Der Name der Zeitung könnte übersetzt werden mit „Gesehen aus den Wolken" – von einem dubiosen Betrachter – und war eine britische Parodie der Nazizeitung „Völkischer Beobachter".[148] Die Notiz über v. Zwehl war einigermaßen, wenn auch nicht vollständig korrekt. Sie berichtete, dass er deutscher Handelsattaché und Korrespondent für das DNB war und sich als Winterkriegsfreiwilliger gemeldet hatte. Ebenso richtig war die Angabe, dass das DNB seine Berichte in Deutschland nicht veröffentlichte. Die Behauptung in der Notiz, dass erfundene Berichte oft mit v. Zwehls Unterschrift versehen wurden, entsprach jedoch nicht den tatsächlichen Verhältnissen.

Evakuierung der Familie nach Schweden. Als ehemaliger Berufsoffizier war v. Zwehl davon überzeugt, dass die finnische Armee nicht in der Lage wäre, die sowjetischen Attacken über einen längeren Zeitraum hinweg abzuwehren. Er rechnete deshalb auch mit der Möglichkeit, dass Finnland besetzt und er selbst fallen oder in Gefangenschaft geraten werde. In der Wohnung Bulevardi 13 wurden schon am 30.11.41 die Fenster bei einem Bombentreffer zerstört, weshalb die Familie auf den Gutshof Håkansböle in Helsingin pitäjä übersiedelte. Gemeinsam mit seiner Frau organisierte v.Zwehl die Evakuierung der weiblichen Familienmitglieder nach Schweden. Er sandte einige Kisten mit Hausrat mit dem Zug und transportierte die Familie mit seinem Auto, dem Adler, nach Turku (Åbo), von wo seine Frau und die Mädchen am

[148] Kirschner 1978, 76.

6.1.1940 per Flug nach Stockholm weiterreisten. Gut angekommen richtete sich *Beate Sophie v. Zwehl* mit der jüngsten Tochter *Beata* bei ihrem Bruder *Kasten Sanmark* auf dem Gutshof Hesselbyholm ein, während *Maria* und *Helene* bei Justizrat *Algot Bagge* in Stockholm einquartiert wurden. Dieser war mit Beate Sophies Tante *Gerda Bagge,* geb. Antell, verheiratet und Bruder des schwedischen Unterrichtsministers von der Rechtspartei, *Gösta Bagge*. Das Arrangement zielte darauf ab, den beiden älteren Mädchen den Besuch von Stockholmer Schulen zu ermöglichen.[149]

Vor der Abreise der Familie gab v. Zwehl Beate Sophie eine Reihe strenger Verhaltensregeln, unter anderem „unter keinen Umständen weiter als nach Schweden zu reisen, nicht einmal, falls man sie telegraphisch dazu von der Familie in Deutschland, vielleicht wegen eines Todesfalls usw. auffordern sollte. Keinesfalls dürfte sie auf ein deutsches Schiff sich locken lassen. Alle deutschen Kreise in Stockholm solle sie meiden, um nicht in dortige deutsche Partei- oder Emigrantenkreise versehentlich zu geraten, und sich gänzlich unpolitisch verhalten. Ich fürchtete nämlich irgendwelche Gestapofallen, die sich vielleicht meiner Familie als Geiseln bemächtigen könnte[n]". Als die Familie Anfang April ihre Rückreise nach Finnland vorbereitete, rief v. Zwehl am 2.4.1940 seine Frau an und bat sie, aufgrund seiner damals noch unklaren Lage noch einige Tage zu bleiben „und warnte sie nochmals, ja nicht sich auf ein deutsches Schiff oder auf die deutsche Gesandtschaft in Stockholm zu bege-ben". Nachdem die Verhältnisse einige Zeit später problemlos waren, kehrte die Familie am 12.4.1940 nach Helsinki zurück.[150]

Finnische Staatsbürgerschaft und Ausbürgerung aus Deutschland. Presseattaché Metzger traf um den 28.12.1939 herum die führenden Beamten des Auswärtigen Amtes in Berlin. Er bekam von Staatssekretär v. Grundherr und seinem Mitarbeiter *Werner Raikowski* die Weisung, Otto v. Zwehl mitzuteilen, dass dieser „nach Deutschland zurückkehren" und in den deutschen Militärdienst eintreten sollte. Falls er dies bis spätestens 10.1.1940 täte, würde ihm nichts geschehen, andernfalls würde man ihm die deutsche Staatsbürgerschaft entziehen.[151]

v. Zwehl traf am 25.3.1940 in Helsinki ein. Dort traf er am 2.4.1940 den deutschen Militärattaché *Rössing*, der als sein Vertrauter bezeichnet werden kann. Dieser erzählte, dass man in Berlin den Beschluss gefasst hatte, v. Zwehl dessen deutsche Staatsbürgerschaft zu entziehen. Außenminister *Joachim v. Ribbentrop* hatte im Februar vor dem deutschen Botschafter in Finnland, *v. Blücher*, v. Zwehl heftig atta-

[149] Ibid. 144.
[150] Ibid. 144, 184.
[151] Metzger 1984, 110.

ckiert und den Botschafter gerügt, dass er ihn „nicht in einem Sonderflugzeug nach Deutschland verschwinden ließ“. Als v. Ribbentrop dem „Führer“ *Adolf Hitler* über die Sache Bericht erstattete, hatte dieser einen Tobsuchtsanfall bekommen und persönlich den Entzug der deutschen Staatsangehörigkeit angeordnet. Wie sich später herausstellte, hatte das deutsche Innenministerium in der Tat am 29.3.40 den Beschluss gefasst, Otto v. Zwehl, dessen Frau und Kindern die deutsche Staatsbürgerschaft zu entziehen. Der Beschluss wurde am 11.4.1940 im Deutschen Reichsanzeiger und dem Preußischen Staatsanzeiger bekannt gemacht. Später, am 3.10.40, war auch die Verlautbarung enthalten, dass v. Zwehls Vermögen in Deutschland gesperrt wurde. Der Verlust war jedoch nicht besonders groß, da v. Zwehls Guthaben bei der Deutschen Bank nicht mehr als 86 Reichsmark betrug. Rössing behauptete sogar, dass v. Zwehl auch sein deutscher Doktortitel aberkannt worden sei.[152]

Rössing riet v. Zwehl, umgehend die finnische Staatsangehörigkeit anzunehmen, da v. Blücher den Auftrag hatte, gegen eine eventuelle Erteilung der finnischen Staatsbürgerschaft an Otto v. Zwehl Einspruch zu erheben, da dies von deutscher Seite als eine unfreundliche Maßnahme gegenüber Deutschland aufgefasst werden würde. v. Blücher riet seinerseits v. Zwehl, in die USA zu emigrieren, ein Gedanke, den v. Zwehl jedoch sofort zurückwies.[153] Otto v. Zwehl suchte am 11.4.1940 um die finnische Staatsbürgerschaft nach und nahm mit seinen beiden Bekannten, dem Außenminister *Rolf Witting* und dem Innenminister *Ernst v. Born*, Kontakt auf. Beide verhielten sich positiv v. Zwehl gegenüber, und die Bearbeitung des Gesuchs dauerte nur 6 Wochen, während gewöhnlicherweise 6 bis 9 Monate verflossen, ehe der Beschluss gefasst wurde. Otto v. Zwehl wurde am 24.5.1940 als finnischer Staatsbürger angenommen und konnte somit am 30.5.1940 vor dem Landeshauptmann von Uusimaa (Nyland), *Ilmari Helenius,* den Bürgereid ablegen.[154]

Ein Beispiel von Anständigkeit –v. d. Goltz' Meldung als Finnlandfreiwilliger. Die Einstellung, die die deutschen Behörden und Parteiinstanzen nach 1933 gegenüber v. Zwehl einnahmen, bewirkte, dass er sich allmählich mehr und mehr von der nationalsozialistischen Bewegung entfernte. Otto v. Zwehl sympathisierte seit 1920 mit dem Nationalsozialismus als Ideologie und opponierte auch nicht gegen dessen Gedankengut. Dagegen versuchte er während einer längeren Zeitspanne als DNB-Vertreter, ED-Mann und Syndikus, die nazistische Propaganda zu entschärfen, da diese in ihren gröbsten Formen viele Einwohner Finnlands abstieß. Das Motiv

[152] v. Zwehl: Erinnerungen 1940, 181-183, 189, 191.
[153] Ibid. 183.
[154] Ibid. 189.

seiner Kritik gegenüber den nazistischen Instanzen war somit, deren Information taktisch adäquater zu gestalten, damit diese effektiver werden könnte. Nachdem auch die Nürnberger Gesetze des Jahres 1935 seine staatsbürgerlichen Rechte als Reichsdeutscher antasteten und verletzten, ergab sich als Konsequenz daraus eine erhöhte Distanz und gleichzeitig eine Untergrabung seiner absoluten Loyalität.

Das deutsch-sowjetische Einvernehmen und der darauf aufbauende Nichtangriffspakt vom 23.9.1939 sowie der Kriegsausbruch am 1. September verschärften die Haltungen der Finnlanddeutschen und verursachten eine tiefe Loyalitätsspaltung unter ihnen. In der öffentlichen Meinung in Finnland wuchs die Verbitterung, als die deutsche Regierung der Sowjetunion in Finnland freie Hand ließ, in hohem Masse eine wohlwollende Neutralität gegenüber der Sowjetunion einnahm und meinte, Finnland sollte die sowjetischen Ansprüche akzeptieren. Während der Herbstmonate des Jahres 1939 wurden sowohl von finnlanddeutscher Seite als auch von den finnländischen Nazikreisen zahlreiche Versuche unternommen, die deutsche Regierung zu einer stärker unterstützenden Politik gegenüber Finnland zu bewegen. Eine große Anzahl von inoffiziellen Delegationen und privaten Bevollmächtigten sprachen bei der deutschen Führung in Berlin vor, um sich für Finnland einzusetzen, aber alle Aktionen blieben erfolglos.[155]

Es scheint, dass v. Zwehl am 22.12.1939 seinen Schritt, sich als Winterkriegsfreiwilliger zu melden, als Demonstration für Finnland unternahm – und nachdem alle anderen finnlanddeutschen Aktionen mit dem gleichen Ziel missglückt waren. Durch seinen freiwilligen Eintritt in die finnische Armee strebte er wahrscheinlich in hohem Grad danach, zu zeigen, dass die deutsche Regierung keine ungeteilte Unterstützung für die Wende in ihrer Finnlandpolitik hatte, aber auch danach, den Finnlanddeutschen ihr Selbstbewusstsein zurückzugeben, das während des Herbstes sehr gelitten hatte. Über sein Motiv schreibt v. Zwehl selbst: „Ich wollte ein anständiges Beispiel für alle diejenigen wahren Deutschlandfreunde in Finnland geben, welche sich jetzt hoffnungslos von Deutschland preisgegeben fühlten.“ [156]
In einem Brief an Beate Sophie vom 14.1.1940 gab er Anweisungen bezüglich seiner Todesanzeige für den Fall, dass er im Krieg fiele, welche sowohl im „Hufvudstadsbladet“ als auch in „Uusi Suomi“ auf Deutsch erscheinen sollte. Zuoberst sollte das Eiserne Kreuz abgebildet sein und der Text sollte lauten: „Otto v. Zwehl. Hauptmann a.D. Kapitän der Artillerie in der finnischen Armee, gefallen am .... / seinen Verwundungen erlegen am .... für Finnlands Freiheit und Deutschlands Ehre“.[157]

---

[155] Peltovuori 1975, 115-119; Ekberg 1991; Westerlund 2011, 193-201.
[156] v. Zwehl: Erinnerungen 1940, 136.
[157] Ibid. 158-159.

Auch die Symbolik des Eisernen Kreuzes und die Erläuterung „für Deutschlands Ehre gefallen“ veranschaulichen v. Zwehls Motiv, sich als Finnlandfreiwilliger registrieren zu lassen.

Otto v. Zwehls Eintritt in die finnische Armee fand sehr hohe Wertschätzung bei mehreren Gruppen: der finnischen Öffentlichkeit, der finnischen Regierung und den Militärbehörden sowie den „Volksdeutschen“ in Finnland. Von den ca. 1500 Reichsdeutschen in Finnland wurden Anfang Dezember 1939 an die tausend nach Deutschland und Schweden evakuiert, aber die 500, die im Land geblieben waren, dürften v. Zwehls Demonstration auch sehr geschätzt haben. So akzeptierte u.a. *Arnold Brink,* der Vorsitzender der Deutschen Kolonie und NSDAP-Mitglied war, v. Zwehls Handeln voll und ganz.[158]

Eine weitere Gruppe, die im Stillen v. Zwehl unterstützte, waren die deutschen Berufsoffiziere, die sich in Finnland befanden, wie vor allem die Militär- und Marineattachés und überhaupt die Offiziere, die in Deutschland mit Finnland zu tun hatten. So ist eine Erläuterung in v. Zwehls Erinnerungen sowohl erwähnenswert als auch von früher unbekannt. Er kannte und korrespondierte mit General *Rüdiger v. d. Goltz,* der in Finnland die Stellung einer deutschen Ikone hatte. In einem Brief an v. Zwehl vom 15.1.1940 schrieb dieser: „Besten Dank für Ihre Meldung, die mich aus persönlichen und sachlichen Gründen sehr freute. Ich billige Ihren Entschluss von ganzem Herzen (……). Nun wünsche ich Ihnen und Ihrer großen Sache Heil und Sieg“. Aus dem Brief geht auch hervor, dass der 74jährige v. d. Goltz General *Wilhelm Thesleff* einen Brief zustellte, in dem er sich auch als Finnlandfreiwilliger meldete. Otto v. Zwehl nannte diese Demonstration im Geheimen „eine schöne, aber mehr symbolische Handlung. Ich habe aber nicht Erfahrung, wie diese seine Anmeldung weiterbehandelt wurde“.[159]

Die Information über die Meldung als Freiwilliger von Rüdiger v. d. Goltz wird auch von einer anderen Quelle bestätigt. Während eines Berlin-Besuchs traf der Dozent und Privatdiplomat *Herman Gummerus* am 30.10.1939 v. d. Goltz. Gummerus vermerkte damals in seinem Tagebuch, dass der General, um gegen die Militärbehörden zu protestieren, „seine Absicht bekanntgab, dass er trotz seines Alters als Freiwilliger nach Finnland reist, falls der Krieg ausbricht. Dies natürlich nur ‚symbolisch‘ (der Mann ist 76 Jahre alt)“. Hintergrund war, dass die finnischen Mitglieder der Deutsch-Finnischen Gesellschaft in Helsinki einen Brief mit dem Ersuchen um deutsche Unterstützung an Hitler sandten. Das Schreiben hatten u.a.

---

[158] Ibid. 186.
[159] Ibid. 153.

der ehemalige Kriegsminister *Wilhelm Thesleff*, die Lazarettschwester der Jäger, *Ruth Munck*, der Unabhängigkeitsaktivist *Harald Åkerman* und der Landwirteverbandsdirektor *Juho Jännes* unterzeichnet. Eine Kopie des Schreibens hatte am 24.10.1939 v. d. Goltz erreicht, weshalb seine Freiwilligmeldung vermutlich kurz danach erfolgte. Gleichzeitig hatte er Thesleff einen Brief gesandt,[160] welcher wohl der gleiche ist, den v. Zwehl später erwähnte.

Otto v. Zwehls Isolierung. Die Teilnahme Otto v.Zwehls als reichsdeutscher Freiwilliger im Winterkrieg, der Entzug seiner reichsdeutschen und die Verleihung der finnischen Staatsbürgerschaft hatte zur Folge, dass die deutschen Kreise, die der deutschen Regierung loyal gegenüber standen, jeglichen Kontakt mit v. Zwehl abbrachen. Er wurde deshalb kalt gestellt und ausgeschlossen. Die offiziellen Kreise in Deutschland betrachteten ihn als Landesverräter und taten auch in Finnland alles, was sie konnten, um ihn aus der deutschen Gemeinschaft auszustoßen.[161]

Früher hatte er ein gutes Verhältnis zum Direktor der Deutschen Handelskammer, *Mahnken*. Als v. Zwehl vorschlug, dass sie zum Zweck der Abwicklung gemeinsam die Bücher der Handelskammer durchgehen sollten, teilte Mahnken mit, dass er über die Sache nachdenken müsse. Als v. Zwehl und seine Frau ihn Ende April 1940 im Schwedischen Theater sahen, grüßte er nur mit einem kurzen Nicken und wollte nicht mit ihnen sprechen. Laut v. Zwehl „hetzte“ er gegen ihn und verbot dem Personal der Handelskammer jeglichen Umgang mit ihm. Der Korrespondent *Alexander Haberzettel* von der Handelskammer, der nicht deutscher Staatsbürger war, sondern einen Nansenpass hatte, grüßte v. Zwehl bei einer Zusammenkunft der Deutsch-Finnischen Gesellschaft nicht. Die frühere Dienstbezeichnung „Syndikus“ wurde durch „Hauptgeschäftsführer“ ersetzt und als v. Zwehls Nachfolger wurde der ihm unbekannte *Dr. Wilhelm Gürge* ernannt.[162] Nach v. Zwehls Abgang nahm die Handelskammer im Herbst 1940 und Frühling 1941 eine kräftige Entwicklung als Folgeerscheinung der politischen und wirtschaftlichen Annäherung zwischen Finnland und Deutschland. Das Personal wurde von 6 auf 12 Angestellte verdoppelt, und im Juli 1941 begannen die Deutsch-Finnischen Wirtschaftsnachrichten dreimal im Monat zu erscheinen.[163]

Innerhalb der Finnisch-Deutschen Gesellschaft hörten sowohl v. Blücher als auch das deutsche Botschaftspersonal auf, ihn bei den Vereinssitzungen zu grüßen. Der

---

[160] Herman Gummerus' Tagebuch 30.10.1939, Herman Gummeruksen kokoelma, Band 44. KA.
[161] v. Zwehl: Erinnerungen 1940, 3.
[162] Ibid. 184-185; Westerlund 2011, 168-169.
[163] Schweitzer 1998, 55-56.

Botschafter wünschte sogar, dass v. Zwehl Zurückhaltung zeigen sollte, indem er von der Gesellschaft Abstand hielte. Eine Ausnahme bildeten jedoch Militärattaché Rössing und Marineattaché Reimar v. Bonin mit ihren Ehefrauen, die ihm kurz, aber freundlich zunickten. Der Marineattaché drückte ihm sogar die Hand.[164]

Um seine Verwandten in Deutschland keinen Unannehmlichkeiten von Seiten der Gestapo auszusetzen, unterhielt v. Zwehl nach dem 9.1.1940 keine direkte Korrespondenz mehr mit ihnen. Über Deckadressen hielt er jedoch den Kontakt mit ihnen aufrecht.[165]

Finnischer Bürooffizier mit Sonderstatus. v. Zwehl schreibt, dass er durch seine Kontakte zu Bankdirektor *Pehr H. Norrmén* von der Nordiska Föreningsbanken und Justizminister *J.O. Söderhjelm* eine zivile Anstellung auf dem Gebiet des Außenhandels hätte bekommen können. Da er aber aufgrund des Bruchs mit dem offiziellen Deutschland nichts mit seinem Geburtsland zu tun haben konnte, sah er eine solche Anstellung als zwecklos an. Stattdessen wurde er jedoch ab 15.7.40 als außeretatmäßiger Bürooffizier bei der Verwaltungsabteilung des Generalstabs mit Oberst *Werner Gustafsson* als Chef angestellt. Sein Monatsgehalt wurde mit 4.000 Mark festgesetzt. Tatsächlich war v. Zwehl praktisch auch für den Generalstab fast gänzlich unverwendbar. Während der 11 Monate seiner Dienstzeit waren die einzigen Arbeitsaufgaben, die er erhielt, kleinere Übersetzungen von einem halben Dutzend Briefen, ein Glückwunschschreiben und eine Broschüre. Während dieser Zeit hatte er anspruchslose Büroräume in der Korkeavuorenkatu (Högbergsgatan), vermutlich eine Bürokammer oder einen geteilten Arbeitsraum. Um sich zu beschäftigen, begann er, seine Erinnerungen zu schreiben, welche er am 31.12.40 abschloss.[166] Zu diesem Zeitpunkt hatten jene einen Umfang von 196 Seiten. Später, im Juni 41 fügte er 19 Seiten dazu, so dass seine Erinnerungen insgesamt 215 Seiten umfassten.

Der Umschwung und der deutsche Transitverkehr im Herbst 1940. In seinen Erinnerungen schildert v. Zwehl, wie die finnische Einstellung noch während der nächsten Monate nach dem Moskauer Frieden scharf gegen Deutschland gerichtet war. Aber in der Mittsommerzeit 1940 änderte sich die Haltung und mündete nach und nach in eine offene und teilweise geradezu enthusiastische Deutschlandbegeisterung. Über diese Veränderung schreibt v. Zwehl: „Deutschland, nach der Niederwerfung Frankreichs im Osten ungebundener, stützte jetzt mehr oder weniger Finnland, das jetzt richtig ebenfalls Realpolitik betreibt und sich Deutschland an den Hals wirft

[164] v. Zwehl: Erinnerungen 1940, 187, 197.
[165] Ibid. 197.
[166] Ibid. 190-192.

(....) Alles Deutsche war im April und Mai in Finnland noch verhasster oder besser gesagt verachteter als der Russe (....) Ende Juni war der Umschwung da und das ganze Land verstand plötzlich, dass ein schneller deutscher Sieg die einzige Rettung Finnlands vor dem Russen sei – was ich ja immer behauptet hatte. Die bisher englandfreundlichsten Kreise in Politik und Wirtschaft suchten jetzt von sich aus an Deutschland Anschluss, wobei ich innerlich ein Lächeln nicht unterdrücken konnte, wenn man diese neuen Deutschlandfreunde von früher hier kannte".[167]

Im diesem veränderten, jetzt deutschorientierten Klima kam bei zwei verschiedenen Anlässen die Idee auf, v. Zwehl für anspruchsvollere Aufträge einzusetzen, einmal im Herbst 1940 und ein anderes Mal im Frühling 1941. Beim ersten Mal war sie verbunden mit dem Transit deutscher Soldaten über finnische Häfen am Bottnischen Meerbusen nach Kirkenes in Norwegen. Nachdem dieser Transit im September 1940 eingeleitet wurde, war ein Gedanke, dass v. Zwehl als finnischer Verbindungsoffizier bei der deutschen Transportleitung fungieren könnte. v. Zwehl freute sich über den Transit, den er als Beweis dafür nahm, dass seine eigene Haltung während des Winterkrieges für Deutschland nicht schädlich gewesen war. Nichtsdestoweniger lehnte er den Gedanken ab, da er sich aufgrund seines angespannten Verhältnisses zum offiziellen Deutschland nicht in der Lage sah, einen derartigen Auftrag erfolgreich auszuführen.[168]

Der nicht verwirklichte Plan für einen Nachrichtenauftrag in Washington. Ende März 1941 entstand wiederum der Gedanke, v.Zwehl zum Adjutanten des finnischen Militärattachés *Per Zilliacus* in Washington zu bestellen. Hinter der Idee stand der deutsche Militärattaché Rössing und der Chef des finnischen militärischen Nachrichtendienstes, Oberst *Lars Melander* von der Auslandsabteilung des Generalstabs. Der eigentliche Grundgedanke war, dass v.Zwehl in dieser Position unter finnischem Deckmantel, nach dem Abbruch der offiziellen Verbindungen zwischen den USA und Deutschland als deutscher Agent tätig sein könne. v. Zwehl war bereit, diesen Auftrag zu übernehmen und wäre abgereist, wenn nicht ein Zufall dazwischen gekommen wäre. Die Vorbereitungen gediehen so weit, dass er im April von der Administrationsabteilung des Generalstabs an das Auslandsbüro überstellt wurde, dem der militärische Nachrichtendienst unterstand. In den Plan ging auch ein, dass v. Zwehl zum Major ernannt werden sollte. Die Initiative kam auch dieses Mal von Rössing, und Gustafsson sandte zu diesem Zweck v. Zwehls Personalakte an Melander. v. Zwehl hatte übrigens an der Front in Laipala* am 3.3.1940 die Nachricht er-

[167] Ibid. 187-188.
[168] Ibid. 193.
*Zu dem Ortsnamen Laipala gibt es keine russische Entsprechung; wahrscheinlich ist der Wohnplatz heute nicht besiedelt.

halten, dass er zum Major befördert worden sei. Wie sich herausstellte, war dies nicht der Fall, aber v. Zwehl hinterlässt keine näheren Erklärungen über den Hintergrund des unrichtigen Bescheids.[169]

Die Ernennung von Otto v. Zwehl zum stellvertretenden Militärattaché in den USA sollte dem Oberbefehlshaber *Gustaf Mannerheim* vorgelegt werden, aber dieser wurde zufällig für 3 Wochen krank. Als er gesundete, war General *Erik Heinrichs* auf andere Gedanken gekommen, da er das Arrangement als politisch gefährlich ansah, worauf die Beförderung entfiel. Dies war der Grund dafür, dass die Auslandsabteilung des Generalstabs ihn am 17.6.1941 aus der Stellung als außerplanmäßiger Bürooffizier entließ. Mit Hinsicht auf den Ausgang reflektierte v.Zwehl Mitte Juni 1941 wie folgt: „Wäre Mannerheim nicht in diesem März auf 6 Wochen erkrankt, wäre ihm der Washingtonplan vorgetragen worden, und ich säße heute wahrscheinlich dort. So wie es jetzt geht, ist es ja tausendmal besser, und doch glaubte ich gemeinsam mit Rössing (...), dass Washington der einzige und beste Ausweg sei, dem Konflikt zwischen finnischer Staatsangehörigkeit, finnischem Offizier und Einberufung zu entgehen. Der Mensch denkt und Gott ... Zufall oder Fügung?"[170]

Die Villa auf Kuusisaari als Ort der sog. Januarverlobung 1940. Im Herbst 1939 vermietete v. Zwehl die Villa in Kuusisaari (Granö) an *Georg-Wilhelm Rosenlew* vom Verband der finnischen Papierfabriken, Suomen Paperitehtaitten Yhdistys / Finska pappersbruksföreningen. Bei Ausbruch des Winterkrieges wurde das Gebäude jedoch von den Militärbehörden beschlagnahmt, wonach es als Kanzlei für den Transportstab des Hauptquartiers diente. Als Chef desselben war der Direktor von Suomen Paperitehtaitten Yhdistys, *Holger Nystén*, tätig, der später der sog. Friedensopposition angehörte. Diese war eine hauptsächlich parlamentarische Opposition gegen die deutschorienterte Politik der Regierung während des Fortsetzungskrieges.

Die Friedensopposition ging aus dem Herbst 1942 mit wachsender Stärke hervor und gewann mehrere einflussreiche Abgeordnete. Durch 4 Telefonleitungen stand die Villa direkt mit Stockholm in Kontakt.[171]

---

[169] Ibid. 174, 198-199.
[170] Ibid. 208, 211.
[171] Ibid. 140.

Beateberg auf Granö, wo v. Zwehls Familiensitz im deutschen Landhausstil 1934 erbaut wurde. Das Haus war geräumig und bequem, aber es lag für den Lebensstil der Familie allzuweit vom Stadtzentrum entfernt. Man achte auf v. Zwehls Pkw Marke „Adler" vor dem Haus. Auf diesem Grundstück entstand 1958-59 die Villa Didrichsen, in deren 1965 angebauten Seitenflügel Didrichsens Kunstmuseum eröffnet wurde. Während Beateberg die Straßenadresse Kuusisaarentie/Granövägen hatte, lautet sie für das Museum Kuusilahdenkuja/Granviksgränd 1.

Die Villa wurde, laut der Auskunft vom Justizminister *J.O. Söderhjelm* an v. Zwehl, als Wohnung auch vom Vorsitzenden der Gewerkschaft Suomen Ammattijärjestöjen Keskusliitto (SAK) – Finlands Fackorganisationers Centralförbund (FFC) – *Eero A. Wuori*, dem stellvertretenden Chef der Staatspolizei „Valpo" und Sozialdemokraten *Bruno Aaltonen* sowie dem sozialdemokratischen Sozialminister *Karl-August Fagerholm* benutzt. Von diesen fungierte Fagerholm als Initiator und Förderer der sog. Januarverlobung. Diese wurde am 23.1.1940 im Radio verlautbart und hatte zum Inhalt, dass der Finnische Arbeitgeberverband (STK) und der Gewerkschaftsbund (SAK) das Übereinkommen getroffen hatten, in Zukunft zu versuchen, Einigung auf dem Verhandlungsweg zu erreichen. Gemäß den Informationen von Söderhjelm hat die Villa keine unbedeutende Rolle in der finnländischen Innenpolitik gespielt, da das Übereinkommen dort getroffen wurde und diese als Treffpunkt für Arbeitgeber, Gewerkschaftsbewegung, Polizei und Regierung fungierte.[172]

Als finnischer Freiwilliger in der deutschen Armee 1941-1944

Otto v. Zwehl diente als finnischer Freiwilliger von Juni 1941 bis September 1944, eine Zeit von 38 Monaten, in der deutschen Armee in Finnland. Da seine Erinnerungen mit seinem Einrücken enden, sind nur lückenhafte Angaben über seinen Einsatz während des Fortsetzungskrieges bekannt.

Rehabilitierung durch die Deutschen. Rössing hatte um den 7.6.1941 den Plan ersonnen, v. Zwehl als finnischen Staatsbürger und reichsdeutschen Offizier als

[172] Ibid.

Verbindungsoffizier beim deutschen Armeekorps in Nordfinnland einzusetzen. Er sollte dort als deutscher Verbindungsoffizier bei der finnischen Division tätig sein, die dem deutschen Armeekorps unterstellt war.[173] Es handelte sich hier höchstwahrscheinlich um einen Verband, der später das III. finnische Armeekorps unter dem Kommando des damaligen Generalmajors *Hjalmar Siilasvuo* wurde, welcher jedoch zuerst, am 15.6.1941, dem AOK Norwegen unterstellt wurde und einige Wochen später begann, in Richtung Kiestinki in Weiß-Meer-Karelien (Viena) zu operieren. Erst später erhielten die sog. Gruppen J und F, die in dem Armeekorps aufgingen, die Bezeichnung Division.[174] Otto v. Zwehls Aufzeichnungen betreffen die Situation Anfang Juni, als die Organisationsfragen noch offen waren.

Darüber schrieb v. Zwehl drei Jahre später: „Eine Woche vor Beginn des finnisch-deutschen Krieges im Juni 1941 erhielt ich von deutscher Seite eine Aufforderung, wieder in die deutsche Armee einzutreten, ohne dass ich mich selbst darum beworben hätte. Nachdem dieses Angebot eine Rehabilitierung bedeutete und in der damaligen neuen Periode der finnisch-deutschen militärischen Zusammenarbeit auch von Seiten des finnischen Militärs Wert darauf gelegt wurde, nahm ich es an und war bis jetzt in der deutschen Armee (Lappland und Helsinki). Dadurch erhielt ich gleichzeitig ohne eigenes Ansuchen alle Rechte eines deutschen Bürgers." Als Bedingung für seinen Militärdienst stellte v. Zwehl, dass er als finnischer Staatsbürger seinen Dienst in Finnland leisten konnte. Er vermerkte jedoch: „Komisch: 1934-37 verweigerte man mir als jüdischem Mischling das freiwillige Dienen in der deutschen Armee, heute nimmt sie den gleichen Mann, obwohl dazwischen ausgebürgert, auf (....) Die ganze Geschichte ist toll. Ohne gefragt zu werden, werde ich hin und her aus- und eingebürgert. Erzählte ich das heutige Spiel beim Gesandten, würde mir es niemand glauben!"[175]

Otto v. Zwehl war nicht der einzige „Mischling", der im deutschen Armeekorps in Finnland diente. Wenn man davon ausgeht, dass sich alle Halb- und Vierteljuden einigermaßen gleichmäßig über die Truppenverbände verteilten, haben vermutlich ca. 150 „Mischlinge" innerhalb der deutschen Einheiten in Finnland Dienst geleistet. Dies wird sporadisch in der Erinnerungsliteratur erwähnt. So schreibt die Lotta *Wellamo Paananen* beiläufig über einen südösterreichischen Juden, der im Sommer 1941 als Wirtschaftsunteroffizier beim Hauptquartier

---

[173] Ibid. 202.

[174] Zu Hjalmar Siilasvuo s. fi.wikipedia.org/wiki/Hjalmar_Siilasvuo.

[175] v. Zwehl: Erinnerungen 1940, 211; Otto v. Zwehls Schreiben an die Schwedische Gesandtschaft in Berlin 21.9.1944 und sein Schreiben an die Ausländerkommission 4.12.1946. Utlänningskommissionens arkiv. Otto v. Zwehls Personakt [Archiv der schwedischen Ausländerkommission. Otto v. Zwehls Personalakte]. Riksarkivet (Sverige) [Reichsarchiv von Schweden], Stockholm-Marieberg [im Folgenden: RA St:m/M].

des AOK Norwegen in Kursunkijärvi 10 km südlich von Rovaniemi Dienst leistete. Dieser lernte Finnisch, indem er Wörter wiederholte und auswendig lernte. Er sagte deshalb von sich: „Ich bin ein Papagei, aber ich bin auch ein Jude".[176] In seinen Erinnerungen erwähnt auch der deutsche Soldat *Bruno Manz* einen Mischling,der im Frühjahr 1944 an der Front am Fischerhals (Kalastajasaarento /Fiskarhalvö) nahe Petsamo diente.Es war dies Unteroffizier *Römer*; er desertierte im Sommer, der deutschen Militärpolizei gelang es jedoch, ihn auf schwedischem Gebiet zu verhaften. Römer wurde zum Tode verurteilt und auf ein Transportfahrzeug zur Weiterbeförderung nach Deutschland gebracht. Auf dieser Reise starb er. Die Angaben von Manz sind jedoch recht vage und geben kein vollständiges Bild vom Verlauf des Geschehens und dessen Hintergrund.[177]

Verbindungsoffizier der Abwehr bei der Einheit Korück 525. Für den Anfang hatte Rössing einen Sonderauftrag für v. Zwehl geplant, der ihn wie folgt beschreibt: „Einsatz einer deutschen Division bis zu ihrem Eintreffen in H. vorzubereiten, wohin ich am 24.6. abreise, um bei dem finnischen Divisionsstab die vorbereitenden Verbindungsarbeiten durchzuführen. Rössing schildert mir meinen künftigen General und, warum er sich gerade diese Aufgabe ausgedacht hat, da ich da noch keinen deutschen Konkurrenten hätte und ganz selbständig als 1. Verbindungsmann arbeiten kann. Die Finnen seien einverstanden. Wenn das Unternehmen H. vorbei sei, werde er weiter, soweit möglich, für mich sorgen".[178]

Der Offizier mit der Pfeife in der deutschen Hauptmannsuniform ist v. Zwehl, der Mann links mit der Zigarette und der deutschen Marineuniform Oberstleutnant Rolf Horn, der Adjutant des Abwehr-Chefs. Angaben über Entstehungszeit und –ort des Fotos fehlen. Da es Horn gehört, ist es wahrscheinlich irgendwo am nördlichen Strand des Finnischen Meerbusens aufgenommen worden, vielleicht im Sommer 1942. Es stellt jedenfalls eine Beratung zwischen deutschen und finnischen Offizieren auf mittlerer Führungsebene dar. Die Uniformen sind zu gepflegt und die Stiefel zu blank als dass das Foto an der Front entstanden sein könnte.

---

[176] Paananen 1998, 122-123.
[177] Manz 2008, 178, 189, 206.
[178] v. Zwehl: Erinnerungen 1940, 214-215.

Otto v. Zwehl nennt vorsichtigerweise weder die Division noch den Namen des Generals oder den Ort für das Unternehmen H. Wie es scheint, handelte es sich jedoch um die deutsche 163. Infanteriedivision unter General *Erwin Engelbrecht*. Dieser unternahm vom 17.-22.6.1941 eine Rekognoszierung vor dem sowjetischen Stützpunkt Hanko (Hangö), um die Möglichkeiten einer Eroberung desselben auszuforschen. Nachdem die Stellungen der Sowjettruppen als sehr stark befunden wurden, vereinbarte er mit den finnischen Repräsentanten, dass die finnischen Truppen den Stützpunkt Hanko nur belagern sollten. Die Engelbrecht-Division wurde vom 25.6.-12.7.1941 von Oslo per Zug durch Schweden nach Finnland transportiert, über Joensuu geleitet und als Reserve für Mannerheim an die karelische Front verlegt. Die Division wurde demnach niemals bei Hanko eingesetzt.[179]

Stattdessen erhielt v. Zwehl die Versetzung in das rückwärtige Armeegebiet der Befehlsstelle Finnland des AOK Norwegen, zu der Etappeneinheit Korück 525. Diese Einheit wurde jedoch erst am 10.9.1941 in Norwegen unter dem Namen *Korück Ostkarelien* und unter dem Befehl von Generalleutnant *Iwan Heunert* aufgestellt. Nach einiger Zeit wurde der Name der Einheit in Korück 525 geändert, vielleicht, weil die erwarteten militärischen Erfolge im sowjetischen Karelien größtenteils ausblieben. Im Zusammenhang mit der Teilung des Armeekorps am 16.1.1942 wurde der Stab von Korück 525 der Befehlsstelle AOK Lappland unterstellt.[180] Es liegen keine detaillierteren Angaben über die Tätigkeit von Otto v. Zwehl beim Korück 525 vor, aber laut Hans Metzger diente er beim Stab der Lapplandarmee.[181] Dies war auch der Fall, denn am 2.2.1942 lud der Regierungspräsident (maaherra / landshövding) *Kaarlo Hillilä* in Rovaniemi v. Zwehl gemeinsam mit dem Kommandanten von Korück 525, Generalleutnant *Heunert,* der davor während des Sommers in den Kämpfen im Gebiet um Leningrad teilgenommen hatte, zum Mittagessen ein. Hillilä war mit v. Zwehls Tätigkeit zufrieden. Er berichtete am 6.7.1942 an den Generalquartiermeister *Aksel Fredrik Airo* im Hauptquartier in Mikkeli (S:t Michel): „Er hat uns auch hier große Dienste geleistet".[182] Rovaniemi hatte 1941 7.000-8.000 Einwohner. Der Marktflecken wurde jedoch während des Sommers und Herbstes dieses Jahres das bedeutendste deutsche Militärzentrum in Finnland. Dort waren

---

[179] Zur finnisch-deutschen militärischen Zusammenarbeit s. fi.wikipedia.org/wiki/Suomen:ja_Saksan_sotilasyhteistyö_1940-1941.

[180] Vgl. den Eintrag „Kommandant des rückwärtigen Armeegebiets Ostkarelien/Armeegebiets 525", Lexikon der Wehrmacht. www.lexikon-der-wehrmacht.de.

[181] Verhörprotokoll mit Hans Metzger 6.6.1946. Säkerhetspolisens arkiv. Persondossier [Archiv der Sicherheitspolizei. Personendossier] Ivar August Johannes (Hans) Metzger. Riksarkivet (Sverige) [Reichsarchiv von Schweden], Stockholm-Arninge [im Folgenden: RA St:m/A].

[182] Kaarlo Hilliläs Brief 15.2.1942 an Aaro Pakaslahti im Außenministerium und Hilliläs Brief an Generalleutnant A. F. Airo 6.7.1942. T [Akte nach der Zugangsnummer des ehemaligen Kriegsarchivs:]15716/2. KA.

an die 70 Stäbe tätig und es gab dort Truppenverbände, Quartiere, Vorratslager und Nachschubverbände. Laut Schätzung von Kaarlo Hillilä waren ca. 3000 deutsche Militärpersonen in Rovaniemi einquartiert und davon waren 400 Offiziere. Nachdem der Marktflecken zudem laufend von Abkommandierten und Durchreisenden sowie Beurlaubten besucht wurde, stieg die Anzahl der Deutschen auf ca. 6000.[183] Mannschaften und Unteroffiziere waren größtenteils in Baracken in und um Rovaniemi einquartiert sowie in Schulen, Jugendvereinshäusern o.ä. Die Offiziere haben wohl zum Großteil in Mietzimmern bei der ansässigen Bevölkerung gewohnt, und es ist möglich, dass auch v. Zwehl ein derartiges Quartier hatte.

Als aus Bayern gebürtig sollte sich v. Zwehl in diesem Milieu gut zurechtgefunden haben, da bayerische Offiziere im Verhältnis zu den preußischen innerhalb der Armee-Einheiten eine leitende Stellung hatten. Der Befehlshaber des AOK Eduard Dietl war Bayer, aber bayerische Offiziere gab es nicht nur in den Gebirgsjäger-, sondern auch in den meisten anderen Armeeeinheiten. Dagegen war der bayerische Einschlag in den Einheiten der Luftwaffe in Finnland wesentlich geringer.[184]

In Rovaniemi leistete auch v. Zwehls Tochter *Maria* in einem deutschen Büro Kriegsdienst, allerdings in der Eigenschaft einer finnischen Kanzleilotta. Es kann sein, dass Papa Otto dafür gesorgt hat, dass sie an seinen Dienstort abkommandiert wurde. Für die Familie wurde das Arrangement auf jeden Fall von großer Bedeutung, da Maria dort den deutschen Obersten *Hans Georg Faulmüller* (1908-85) traf, mit dem sie sich verheiratete.[185] Gleichzeitig diente v. Zwehls Bruder, Artillerieoberst *Hans Karl v. Zwehl* in Nordnorwegen. Die Einheit Heeres-Küsten-Artillerie-Abteilung 498 wurde in Prag im März 1941 aufgestellt und sofort nach Nordnorwegen verlegt als Reserve für den bevorstehenden Angriff auf die Sowjetunion. Im Sommer 1941 wurde sie als selbständige Artillerieeinheit an der Murmanskfront eingesetzt. Im Dezember 1941 stand sie bei Svolvær 450 km südwestlich von Kirkenes und bildete die Artilleriegruppe Svolvær mit v. Zwehl als Kommandeur.[186] Die Deutschen bauten dort als eine Fortsetzung des Atlantikwalls ein Küstenartilleriesystem mit 350 Batterien entlang der norwegischen Küste, das „Festung Norwegen" genannt wurde. Innerhalb dieser war v. Zwehls Bruder Kommandeur der Sektion Hammerfest-Petsamo.[187] Da dieser einen Anlass hatte, Linhammar zu besuchen, ist es möglich, dass die Brüder ein Treffen vereinbaren konnten. Wie sein Bruder in Helsinki hatte

---

[183] Kaarlo Hilliläs Briefe an A.F. Airo im Hauptquartier 2.1. und 3.4.1942, ibid.
[184] Ibid. 11.10.1942.
[185] Mitteilung von Michael Faulmüller.
[186] Mitteilung von Jan Egil Fjørtoft, Bjugn, Norwegen.
[187] Kaarlo Hilliläs Brief an A.F. Airo im Hauptquartier 13.5.1943. (Fundstelle wie Anm. 183) KA.

Hans Karl früher Nachteile aufgrund seines Status als Mischling gehabt, und v. Zwehl erwähnt in seinen Erinnerungen, dass er nach Einführung der Ariergesetze keine Anstellung mehr bekommen konnte.[188] Dass allerdings Hans Karl 1943 Dienst als leitender Offizier auf einem wichtigen Posten in Nord-Norwegen leisten konnte, zeigt, dass während des herrschenden Krieges gegen die Sowjetunion und die westlichen Alliierten der Tatsache, dass er Vierteljude war, keine größere Bedeutung mehr beigemessen wurde.

Im Sommer 1943 wurden im Korück Personalumstellungen vorgenommen. Heunert wurde am 1.7.1943 durch Generalleutnant *Hans Haberlain* ersetzt und auch v. Zwehl wurde versetzt. Der Grund für die Umorganisation ist nicht bekannt, aber Heunert wurde nun zum zweiten Mal in die Führerreserve versetzt – welche zu dieser Zeit teilweise den Charakter eines Sammelplatzes für politisch unzuverlässige, beschwerliche und inkompetente höhere Offiziere erhalten hatte. Kurzum, im Juni 1943 platzierte der Kommandeur der Abwehr-Kriegsorganisation Finnland, Fregattenkapitän *Alexander Cellarius,* v. Zwehl als Vertreter der Abwehr III F in Finnland, weil dieser Sprachkenntnisse hatte und ein gutes Ansehen in allen finnischen Kreisen genoss. v. Zwehl erhielt dadurch seinen Dienstort im Büro Cellarius, wahrscheinlich in der Hauptabteilung, Makasiinikatu (Norra Magasinsgatan) 9,[189] was bedeutete, dass er zu Hause bei seiner Familie wohnen konnte.

Es sind keine näheren Angaben über v. Zwehls Tätigkeit und deren Resultat in dieser Stellung bekannt. „Abwehr III F" war indessen die Bezeichnung für Gegenspionage, weshalb es v. Zwehls Aufgabe war, vor allem Erkundungen über die Spionagetätigkeit einzuziehen, die sich gegen die deutschen Einheiten in Finnland richtete.[190] Derartige Spionage wurde von sowjetischen, britischen, schwedischen, japanischen u.a. Agenten durchgeführt, aber auch der Nachrichtendienst des finnischen Hauptquartiers betrieb Spionage gegen deutsche Einheiten. Zu diesem Zeitpunkt hatte Deutschland keine treuen Freunde mehr. Deshalb kann angenommen werden, dass die Agentenrolle für v. Zwehl bald unangenehm zu werden begann. Nachdem die Abwehr ab 1943 begann, ihre Agententätigkeit in immer höherem Grad gegen die finnische Armee zu richten, wird die Aufgabe, daran mitzuwirken, für ihn zunehmend abstoßender geworden sein.[191]

---

[188] v. Zwehl: Erinnerungen 1940, 61.
[189] Westerlund 2011, 209.
[190] Alexander Cellarius: Die finnische Nachrichten- und Abwehrorganisation 1934-1944, 31-32, Manuskript. Bundesarchiv. Militärarchiv.
[191] Peltovuori 2005, 36.

Im Dokument der Verwaltungsbehörde für ausländisches Eigentum sind einige einzelne Angaben über v. Zwehls Tätigkeit während der Kriegszeit enthalten. Sowohl der sowjetische Vertreter *Pul'nikov* als auch Presseattaché Hans Metzger gaben demnach 1946 im Verhör an, dass v. Zwehl als Major[192] gedient hat, und dies kann sehr wohl der Fall gewesen sein – obgleich die Inschrift auf seinem Grab ihn als „Hptm AD" (Hauptmann) ausweist.[193] Generalmajor *Lars Melander*, bis 1942 Nachrichtendienstchef des Hauptquartiers, erwähnte seinerseits, dass v. Zwehl während des Fortsetzungskrieges als Verbindungsoffizier „zwischen verschiedenen deutschen und finnischen Truppen" Dienst geleistet hatte.[194] Die ganze Familie v. Zwehl war in das Kriegsgeschehen eingebunden und während der Jahre 1941–1944 waren die Töchter Maria, *Helene* und *Beata* Lottas.

Evakuierung nach Deutschland im Herbst 1944. Otto v. Zwehl begab sich am 12.9.1944 gemeinsam mit den deutschen Einheiten, die damals aus Finnland evakuiert wurden, nach Deutschland. Laut den Erklärungen, die er später der Sicherheitspolizei gegenüber abgab, waren dafür zwei Ursachen bestimmend: Aufgrund der raschen Evakuierung konnte er nicht rechtzeitig um Entlassung ansuchen. Und wäre er desertiert, hätte dies seiner Meinung nach negative Folgen für seine Verwandten in Deutschland haben können.[195]

Otto v. Zwehl schrieb am 21.9.1944 in Berlin: „Durch den Abbruch der finnisch-deutschen Beziehungen im September 1944 geriet ich in eine schwierige Situation. Meine Familie bekam durch Vermittlung des Chefs der finnischen Sicherheitspolizei (d.h. *Paavo Kastari*) Ausreisevisum nach Schweden und schwedisches Einreisevisum und wohnt derzeit bei meinem Schwager P. K. Sanmark in Hässlebyholm bei Strängnäs. Ich selbst habe versucht, unter Bezugnahme auf meine finnische Staatsangehörigkeit unmittelbar um Abschied anzusuchen, aber mein deutscher Chef konnte natürlich aufgrund der kurzen, zur Verfügung stehenden Zeit – einige Tage – diesen nicht selbst bewilligen. Ich habe deshalb Finnland mit meiner deutschen Truppenabteilung verlassen, da ich mich andernfalls der Fahnenflucht schuldig gemacht hätte. In Berlin angekommen, habe ich sofort mein Abschiedsansuchen an die deutsche Armee eingereicht. Dieses wurde unter der Bedingung angenommen, dass ich auf alle deutschen Ansprüche und deutsche Rechte verzichte. Mein Abschiedsan-

---

[192] Verhörprotokoll mit Hans Metzger 6.6.1946 (wie Anm. 181).

[193] Otto v. Zwehl (1894-1960) – Find A Grave Photos. http://www.findagrave.com/cgi-bin7fg.cgi?/page=pv&Grid=73108.

[194] Personendossier Otto v. Zwehl. (Fundstelle wie Anm. 21) KA; Westerlund 2011, 199.

[195] Otto v. Zwehl. Promemoria uppgjord av [aufgenommen von] Arne Tamelander 5.11.1949. Suojelupoliisi [Schutzpolizei]. KA.

suchen wird sicher in einigen Tagen bewilligt werden." Er gab als seine Adresse bis zum 5.10.1944 die seiner Schwägerin, Frau *Emelie v. Wachter* in München an und danach die seiner Schwester, Frau *Helene Döderlein* in Grainau bei Garmisch.[196]

Die deutschen Behörden erwiesen sich tatsächlich v. Zwehl gegenüber als besonders entgegenkommend. Es wurde ihm nicht nur der Abschied aus dem Kriegsdienst bewilligt, sondern auch das Recht, als finnischer Staatsbürger das Land zu verlassen. Dies kann im Hinblick darauf, dass zu diesem Zeitpunkt alle 16-60jährigen deutschen Männer eingezogen wurden, als sowohl bemerkenswert wie auch ausgesprochen ungewöhnlich bezeichnet werden. Presseattaché Metzger gab im Verhör 1946 an, v. Zwehl in Stockholm gesehen zu haben, nachdem der Krieg zwischen Finnland und Deutschland ausgebrochen war, als „er, der allgemeinem Auffassung nach, weiterhin für die Abwehr III F in Schweden tätig war".[197] Metzgers Auskünfte deuten an, dass v. Zwehl sich für irgendeinen Nachrichtendienstauftrag in Schweden verpflichtet haben könnte. Dies erscheint wenig glaubhaft, da es keine Personalakte über v. Zwehl im Archiv der schwedischen Sicherheitspolizei gibt. Otto v. Zwehl sollte zudem besonders schwerwiegende Gründe gehabt haben, sich von allem Verdächtigen in Schweden fernzuhalten, da er dann das Risiko eingegangen wäre, nach Deutschland oder Finnland ausgewiesen zu werden.

Aber nach einem kurzgefassten und undatierten Rapport der Staatspolizei von nach dem Ende des Krieges hatte v. Zwehl als Agent für Paavo Kastari fungiert. Dieser stand bis Februar 1944 an der Spitze der Überwachungsabteilung (Abteilung für Kontraspionage) des Hauptquartiers in Helsinki und dann der Staatspolizei. Nach diesem Rapport soll v. Zwehl Cellarius verraten haben.[198] Dies rückt Metzgers Angaben in ein anderes Licht. Vielleicht war es so, dass v. Zwehl entweder Ende September oder Anfang Oktober 1944 mit Cellarius in Deutschland zusammentraf und sich verpflichtete, als Informant in dessen Auftrag in Schweden tätig zu werden? v. Zwehl kann einen solchen Auftrag angenommen haben, um sich nach Schweden begeben zu können. Glücklich dort angelangt und mit einer Aufenthaltsgenehmigung ausgestattet, hat er von Anfang an die verabredete Informantentätigkeit nicht ausgeübt. Wenn dies so war, lassen sich drei Sachverhalte erklären. Zum ersten, dass die deutschen Behörden ihn nach Schweden ausreisen ließen, zum zweiten die zweite Angabe der Staatspolizei, dass

[196] Otto v. Zwehls Schreiben an die Schwedische Gesandtschaft in Berlin 21.4.1944. (Fundstelle wie Anm. 175) RA St:m/M.
[197] Verhörprotokoll mit Hans Metzger 6.6.1946. (Fundstelle wie Anm. 182) RA St:m/A.
[198] Persondossier för [Personenakte] Paavo Kastari. Statspolisen. RA St:m/M.

v. Zwehl Cellarius verraten habe, und zum dritten, dass Metzger von Cellarius die Auskunft erhielt, dass v. Zwehl im Auftrag der Abwehr in Schweden tätig sei.

Flüchtlingsasyl in Schweden 1944-49

Otto v. Zwehl traf am 10.10.1944 mit dem Flugzeug aus Berlin in Bromma in Schweden ein. 3 Wochen früher hatte er bei der schwedischen Vertretung in Berlin um einen finnischen Pass nachgesucht – da Schweden die sog. Schutzmacht für Finnland in Deutschland war – für die Durchreise nach Finnland. Er bezog sich auf seine Verbundenheit mit Finnland: „Nachdem ich mein halbes Leben in Finnland verbracht und konsequent die Sache Finnlands zu meiner eigenen gemacht habe, hoffe ich, dass mein Pass-Antrag bewilligt wird, insbesondere da ich durch Einreichung meines Abschiedsansuchens bereits alle Verbindungen mit Deutschland abgebrochen habe." Als Referenzen konnte v. Zwehl eine Reihe angesehener Persönlichkeiten angeben: den Onkel seiner Frau, Justizrat Bagge, seinen Schwager, den Gutsbesitzer Sanmark, den Chef der Sicherheitspolizei in Finnland Paavo Kastari, Amtsgerichtsrat *Hannes Snellman* in Helsinki und den Cousin seiner Frau, Major *Ragnar Grönkvist*, Adjutant von Marschall Mannerheim.[199]

Der Entschluss, in Schweden zu bleiben. Otto v. Zwehls ursprüngliche Absicht war, über Stockholm nach Finnland zu reisen. Er kam jedoch rasch auf andere Gedanken. Einige Jahre später schrieb er: „Als ich im Oktober 1944, sozusagen auf dem Heimweg nach Finnland, Stockholm passierte, wurde mir jedoch von gewissen Personen mit hohem Rang an der finnischen Vertretung davon abgeraten, nach Finnland zurückzukehren. Die Situation in Finnland hatte sich insofern verändert, als Gefahr für meine persönliche Sicherheit bestand. Falls ich als früheres Mitglied der deutschen Armee zurückkehrte, würde man mich in Übereinstimmung mit dem finnisch-russischen Waffenstillstandsvertrag an Russland ausliefern."[200]

Otto v. Zwehl suchte am 19.10.1944 um eine Aufenthaltsbewilligung nach, welche auch für 6 Monate bis zum 10.4.1945 bewilligt wurde. Die schwedischen Behörden wünschten jedoch, dass er nicht in Städten wie Stockholm oder Malmö wohnte, weshalb er sich gemeinsam mit Beate Sophie anfangs bei seinem Schwager auf Hof Hässelbyholm in Fogdö (Gemeinde Strängnäs) einrichtete. Seine 20jährige Tochter Helene wohnte damals offensichtlich bei einer Familie *Asker* Runebergsgatan 1 in

---

[199] Otto v. Zwehls Schreiben an die schwedische Vertretung in Berlin 21.9.1944. (Fundstelle wie Anm. 175) RA St:m/M.

[200] Otto v. Zwehls Schreiben an die Ausländerkommission 4.12.1946. Ibid.

Stockholm und seine 17jährige Tochter Beata bei der Sällskapet Barnavård (Gesellschaft für Kinderfürsorge). Otto v. Zwehl dürfte Ende 1946 einen schwedischen Fremdenpass erhalten haben.

Hausmeister und Hühnerhofarbeiter. Wie es scheint, wohnten v. Zwehls sechs Monate, bis April 1945, auf Hässlebyholm. In seinem Gesuch vom 18.12.1945 um verlängerte Aufenthaltsbewilligung gab v. Zwehl an, eine Anstellung als Hausmeister beim Cousin seiner Frau, Ingenieur *Kurt Rinman*, auf Lindögård in Vallentuna zu haben. Als Adresse gab er den Freihof Vallstanäs, Rosersberg, Gemeinde Norrsunda an. Der Ort liegt in der heutigen Gemeinde Sigtuna, nordwestlich von Stockholm, zwischen Märsta und Väsby/Uppland. In seinem Gesuch um Verlängerung der Aufenthaltsgenehmigung vom 4.12.1946 vermerkte v. Zwehl im Feld für Beruf „Doktor phil. - derzeit Hühnerhofarbeiter".

Otto v. Zwehl arbeitete auch tatsächlich als Hühnerhofarbeiter für Rinman; das Federvieh soll die Anzahl von etwa 400 Tieren erreicht haben. Zu Beginn betrug sein Lohn 250 Kronen pro Monat einschließlich Gratiswohnung. Aus seinem Gesuch um verlängerte Aufenthaltsbewilligung vom 3.7.1948 geht hervor, dass sein Lohn nun auf 300 Kronen gestiegen war. Der Umstand, dass v. Zwehl keinen großen Zugang zu Bargeld hatte, zeigt sich daran, dass er im Zusammenhang mit seinen Ansuchen um Erlass der Stempelgebühr bat – etwas, was anscheinend immer bewilligt wurde. Das Ehepaar v. Zwehl scheint etwa 3 Jahre, von 1945-48, in Vallstanäs in recht anspruchslosen Verhältnissen gelebt zu haben. v. Zwehl war mit dem Hausmeisterdienst und der Arbeit auf dem Hühnerhof beschäftigt, während Beate Sophie als Gehilfin im Lazarett Vallstanäs arbeitete.[201] Die Töchter Helene und Beata waren spätestens seit Herbst 1946 als Schülerinnen der Krankenschwesternschule des Sophiahemmet (Sophiaheimes) eingeschrieben. Das Krankenhaus mit Schwesternausbildung wurde im heutigen Östermalm in Stockholm von Königin Sophia 1889 gegründet. Zur Zeit des Schulbesuchs der v. Zwehlschen Mädchen war die Ausbildung dreijährig, mit einem ins Karolinen-Krankenhaus verlegten Praxisabschnitt. Die Schülerinnen wurden „Sophiaschwestern" genannt, und die Anstalt war wohl die angesehenste Schule auf diesem Gebiet in Schweden.

Aus den Unterlagen der Ausländerkommission geht hervor, dass v. Zwehl sich im Herbst 1947 um Arbeit in einem staatlichen Archiv beworben hat. Die Angelegenheit wurde überprüft, wobei man feststellte, dass „die Kommission bezweifelt, dass v. Zwehl als Flüchtling betrachtet werden kann". Unter Beachtung dieser Fest-

[201] Mitteilung von Michael Faulmüller.

stellung und den vorliegenden Angaben zu seiner Person lehnte die Kommission die Bewerbung von Otto v. Zwehl um Arbeit in einem staatlichen Archiv ab. Aber im folgenden Sommer hatte sich die Situation zu verändern begonnen. In seinem Gesuch um Verlängerung der Aufenthaltsgenehmigung vom 3.7.1948 gab v. Zwehl als Beruf folgendes an: „Arbeit im Hühnerhof, Auslandskorrespondent für deutsche Zeitungen". Er erklärte weiterhin: „Ich bin der Meinung, dass die politischen Verhältnisse in Finnland, vor allem bei der finnischen Sicherheitspolizei, meine und die Heimreise meiner Familie verhindern. Ich werde wahrscheinlich im Laufe des Sommers als Korrespondent für den Deutschen Pressedienst DPD, Hamburg oder für den Exportdienst Düsseldorf angestellt werden. Der Exportdienst wird das offizielle Organ für Wirtschaftsnachrichten für Westdeutschland sein. In beiden Fällen sollte ich in Stockholm wohnen und mich sowohl in Malmö als auch in Göteborg frei bewegen können." Folglich suchte er um Aufenthaltsgenehmigung für ganz Schweden nach.[202]

Attaché bei der Deutschen Handelsvertretung in Finnland

Nach 51 Monaten in Schweden kehrte Otto v. Zwehl gemeinsam mit Beate Sophie nach Helsinki zurück.
Rückkehr nach Finnland. Nachdem er 4 Jahre und 3 Monate in Schweden gewohnt hatte, stellte v. Zwehl am 19.1.1949 den Antrag auf ein Visum für die Rückreise nach Finnland. Weder die schwedischen noch die finnischen Behörden machten Einwände. Die finnische Vertretung in Stockholm stellte ihm einen finnischen Pass aus und sandte seinen schwedischen Fremdenpass an das schwedische Außenministerium. Seine Frau und die beiden jüngeren Töchter waren im Herbst 1944 mit ihren finnischen Pässen in Schweden eingetroffen und bekamen diese offensichtlich zumindest ohne größere Schwierigkeiten verlängert.

v. Zwehl traf mit dem Flug aus Stockholm am 24.1.1949 in Helsinki ein. Er befand sich in Gesellschaft von Vizeamtsgerichtsrat *Silfverhjelm* von Rechtsanwaltspraxis Serlachius & Ryti. v. Zwehl hatte sich an diesen als juristischen Ratgeber gewandt, um seine Rückübersiedlung nach Finnland vorzubereiten. Offensichtlich ist zumindest seine Frau ebenfalls zu diesem Zeitpunkt nach Finnland zurückgekehrt.

Die sowjetische Forderung auf Überlassung des Eigentums der Familie v. Zwehl. Die Sowjetunion erhob nach dem Krieg Anspruch auf deutsches Eigentum in Finnland.

---

[202] Otto v. Zwehls Schreiben an die Ausländerkommission 14.10.1947 und 3.7.1948. (Fundstelle wie Anm. 175) RA St:m/M.

Basis dafür war Artikel 16 im Waffenstillstandsvertrag vom 19.9.1944, die Verordnung über die Beschlagnahme von deutschem Eigentum vom 10.10.1944 und das Übereinkommen der Alliierten über Kriegsentschädigungen in Potsdam im Juli und August 1945.[203] In Finnland forderte der Chef der Eigentumsverwaltung der Sowjetunion *Pul'nikov* 1947-1948, dass die Aktien von Otto v. Zwehl und seiner Frau, das Haus Beateberg und das übrige Eigentum überlassen werden sollten, da v. Zwehl 1941 seine deutsche Staatsbürgerschaft zurück erhielt. Die Angabe als solche war richtig, und als die Verwaltungsbehörde für ausländisches Eigentum eine Untersuchung anordnete, stellte sich heraus, dass sich v. Zwehl in seiner Steuererklärung für 1941 korrekt als „finnischer und deutscher Staatsbürger" bezeichnet hatte. v. Zwehls Stellung war somit nicht stark, aber es rettete ihn, dass die sowjetische Seite nicht in der Lage war, irgendein Einbürgerungsdokument vorzulegen, dass eindeutig bewiesen hätte, dass v. Zwehl tatsächlich die deutsche Staatsbürgerschaft zurückerhalten hätte. v. Zwehl vermied es sorgfältig, das Dokument, aus dem dies hervorging, vorzulegen, und auch der Chef von Otto v. Zwehl während des Jahres 1941, Generalmajor *Melander*, stellte sich in der von ihm verfassten Erklärung vom 14.2.1948 unwissend. Einige Jahre lang fand ein Tauziehen in dieser Frage statt, bis die Regierung schließlich am 20.5.1948 beschloss, dass v. Zwehl finnischer Staatsbürger und sein Vermögen nicht als deutsches Eigentum zu betrachten war.[204]

Nachdem v. Zwehl nicht als deutscher Staatsbürger angesehen wurde, erfolgte keine komplette Inventarisierung seines Eigentums, obgleich sich zufällig herausstellte, dass er 25 Aktien der Reederei Finska Ångfartyg Aktiebolaget besaß. Dagegen wurde das Eigentum von Beate Sophies Schwester, *Emelie v. Wachter*, beschlagnahmt, da sie aufgrund ihrer Verheiratung deutsche Staatsbürgerin war. Ihr Vermögen wurde aufgelistet, und da es vermutlich zum größten Teil ererbt war, ist anzunehmen, dass es indirekt auch ein Bild über die Eigentumsverhältnisse der Schwester gibt. Emelie besaß 715 Aktien der Nordiska Föreningsbanken (NFB, finn. Pohjoismaiden yhdyspankki) und kleinere Aktienpakete folgender Firmen: Kymmene (60), Svenska småbruk och egnahem (24), Tampereen Pellava- ja Rautateollisuus (20), Tjusterby Gods Ab (9), Suomen Gummitehdas Oy (6), Privata Svenska Flickskolan Byggnads Ab (2) und Ab Hemflit (1). Außerdem besaß sie 60 Aktien der Wohnungsaktiengesellschaft Orion, Bulevardi 13, und 47.184 Mark auf einem Konto bei der o.g. NFB.[205] Die Schwestern waren also noch während der

[203] Jensen-Eriksen 2010, 135-175.
[204] Personendossier Otto v. Zwehl. (Fundstelle wie Anm. 21) KA.
[205] Ulkomaalaisen omaisuuden hoitokunta [Verwaltungsdirektion für ausländisches Eigentum]. Saksalaisten omaisuusluettelot [Verzeichnisse deutschen Eigentums]. Luovutetut pankkitilit [Überlassene Bankkonten] Bd:3. KA.

ersten Nachkriegsjahre zumindest durch ihr Erbe gut situiert, aber Beate Sophies Eigentum war wahrscheinlich beträchtlich größer, da ihre Schwester vermutlich einen Teil ihrer Erbschaft nach Deutschland gebracht hatte, wo sie seit 1922 wohnte.

Emelie hatte ein Drittel der Wohnungsaktiengesellschaft Orion besessen, vermutlich mehrere separate Wohnungen, und dieser Teil ging auf die Sowjetunion über. Wie es scheint, waren die Finnland-Sowjetunion-Gesellschaft und die Friedenskämpfer während der Nachkriegsdezennien in diesen Räumen tätig.[206] Dies war kaum die v. Zwehl erwünschte Nachbarschaft.

Chef der Handelsabteilung an der Deutschen Handelsvertretung. Nach seiner Rückkehr wird sich v. Zwehl mit Energie dem Geschäftsleben gewidmet haben; 1953 wurde er Konsul und Chef der Handelsabteilung an der westdeutschen Handelsvertretung.[207] Zu deren erstem Chef wurde Generalkonsul *Dr. Reinhold Koenning* ernannt. In der für diesen erstellten Instruktion wurde Zweckmäßigkeit in einem besonnenen und vorsichtigem Handeln betont, das „... in besonderem Maße politischen Takt, vorsichtige Zurückhaltung und nach außen hin strikte Beschränkung auf die eigentlichen Aufgaben einer unpolitischen Handelsvertretung“ erfordere. Als Koenning 1956 überraschend starb, wurde Generalkonsul *Dr. Karl Kuno Overbeck* sein Nachfolger.[208] Beide Chefs hatten gemeinsam, dass sie früher hohe Stellen in der nationalsozialistischen Verwaltung innehatten, ihre Arbeit bei Kriegsschluss 1945 verloren und am Ende der 1940er Jahre neue, wenn auch niedrigere Stellen in der westdeutschen Auslandsverwaltung erhielten. Koenning war von 1932-1945 Chef der Auslandsabteilung des Reichsfinanzministeriums gewesen[209], während Overbeck verschiedene Posten innerhalb des Auswärtigen Amtes bekleidet hatte.[210]

An der Handelsvertretung wurde 1954 *Dr. Annemarie v. Harlem* in der Funktion als Konsulin angestellt, welche von 1934-1939 als Lehrerin für Deutsch, Französisch, Latein und Geschichte an der Deutschen Schule Helsinki gearbeitet hatte. Der schwedischen und finnischen Sprache mächtig, pflegte sie insbesondere die Kulturfragen, indem sie Vorträge hielt, Ferienkurse in Deutsch organisierte und den Studentenaustausch vorbereitete. Zu dieser Zeit waren weibliche Konsuln sehr ungewöhnlich, und vor ihrem Abgang 1959 berichtete sie mit einem Augen-

---

[206] Ollila / Toppari 1998,151.
[207] Doktor Otto v. Zwehl. Nekrolog, Hufvudstadsbladet 10.2.1960.
[208] Putensen 2000, 426.
[209] Dr. Reinhold Koenning. Nekrolog, Hufvudstadsbladet 24.3.1956.
[210] Generalkonsul K.K. Overbeck 50 år. Notiz, Hufvudstadsbladet 26.8.1959.

zwinkern über ihre Erfahrungen: „Sie konnte nicht mit ihren männlichen Kollegen in die Sauna gehen. In der Sauna werden viele diplomatische Gespräche geführt, sagt sie. Es war auch schwer, den Leuten begreiflich zu machen, dass eine Frau Konsul sein kann." Bei ihren vielen Schulbesuchen bemühte sie sich sehr, die Schüler zu überzeugen, dass Deutsch nicht passé war und wiederholte einen vielleicht zeittypischen Lehrerausspruch: „Die Schüler sollen nicht glauben, dass Deutsch ein von bösen Lehrern zusammengestelltes Puzzle ist, um die Schüler zu quälen."[211]

Das Büro der westdeutschen Handelsvertretung befand sich anfangs in der Rauhankatu 13, dem sog. Ehrnroothschen Haus (andere Bezeichnung „Helios", nach 1991 zeitweilig u.a. Sitz der Botschaft Litauens), und übersiedelte dann in die Fredrikinkatu 61 beim Kamppi-Platz, gegenüber der Deutschen Schule.[212]

In der Position des Handelsattachés konnte v. Zwehl sechs Jahre bis zu seinem Tod wirken. In einer Charakteristik seines Einsatzes heißt es: „Seine auf eingehenden Kenntnissen und reicher Erfahrenheit beruhende Tätigkeit in dieser Institution wurde sehr hoch benotet."[213] v. Zwehl gelang es somit, an seinen Erfolg als Syndikus in der Zeit von 1924-1939 in den Jahren 1953-1960, wenn auch in einer anspruchsloseren Position, anzuknüpfen.

Tod und Nachleben. Ins Krankenhaus eingeliefert, verstarb v. Zwehl unerwartet am 9.2.1960 in Helsinki. Die Einsegnung fand am 12.2.1960 in der Deutschen Kirche statt, wonach die Beisetzung im Familiengrab am Nordfriedhof in München stattfand. Beate Sophie überlebte ihn fast mehrere Jahrzehnte und als sie 1979 starb, wurde auch sie im v. Zwehlschen Familiengrab in München beigesetzt.[214]

Als v. Zwehl im April 1944 50 Jahre alt geworden war, wurden als seine stärksten Eigenschaften Bescheidenheit und Rücksicht beschrieben: „Er ist einer jener, die am uneigennützigsten und ehrenvoll dafür gearbeitet haben, dem deutschen Namen in Finnland einen guten Klang zu geben."[215] Der frühere Presseattaché *Hans Metzger* charakterisierte 1946 v. Zwehl mit folgenden Worten: „Ein hart arbeitender und gewissenhafter Mann mit guten Kenntnissen der allgemeinen finnischen Verhältnisse – vor allem der wirtschaftlichen Faktoren. Er erfreute sich in finnischen Kreisen einer günstigen Position. Die Zusammenarbeit mit ihm

[211] Vi presenterar. Fil.dr. Annemarie von Harlem. [Interview] Astra nr 11.1959; Tysk konsul tar avsked. Tyskan är ett levande Språk! Intervju med Annemarie von Harlem, Nya Pressen 12.10.1959.
[212] Ollila / Toppari 1998, 28 sowie Informationen von Kai-Uwe Sentzke.
[213] Ibid.
[214] Otto v. Zwehl (1894-1960), Beate Sophie v. Zwehl (1897-1979) – Find A Grave Photos: http://findagrave.com/cgi-bin/fg.cgi?/page=pv&Grid=73108.
[215] Femtioåring. Otto v. Zwehl. Notiz, Hufvudstadsbladet 4.4.1944.

erfolgte auf einer sehr freundschaftlichen Basis, besonders in finnischen Pressekreisen."[216]

In einem Nachruf im „Hufvudstadsbladet" 1960 wird betont, dass v. Zwehl von einem weitläufigen Personenkreis mit starken Familien- und Freundschaftsbanden umgeben war: „Aber auch außerhalb dieser hat er durch seine Rechtschaffenheit und Klugheit, sein taktvolles und im besten Sinn aristokratisches Wesen einen bleibenden persönlichen Eindruck hinterlassen. Es war charakteristisch für ihn, dass er Musik – insbesondere für Cello – mehr als alles andere liebte."[217] In seiner Gedächtnisrede sagte der deutsche Konsul *Heinz Naupert*, dass das Typische für v. Zwehl die Konsequenz und Unbestechlichkeit waren, mit denen er seine Aufgaben erfüllte: „Schon im Jahre 1918 knüpfte v. Zwehl Bekanntschaft mit Finnland, und seitdem ist er dem Land treu geblieben. Seine gediegenen Kenntnisse und sein gewinnendes Wesen verschafften ihm viele Freunde und halfen ihm bei seiner täglichen Arbeit an der Westdeutschen Handelsvertretung in Helsinki."[218]

Otto und Beate Sophie v. Zwehl auf Håkansböle im Sommer 1958. Mit auf dem Bild auch die Töchter Beata Broberg, Helene von Ow und Maria Faulmüller mit ihren Kindern, u.a. Barbara von Ow, Michael und Mathias Faulmüller.

Literatur über Otto v. Zwehl und seine Erinnerungen. In der historischen Forschungsliteratur wird v. Zwehl in erster Linie sporadisch in einem halben Dutzend Werken aus der Mitte der 1970er Jahre erwähnt. Vor allem werden darin seine Tätigkeit als DNB-Mann und Direktor der Handelskammer beachtet.[219] Im Hinblick auf die sehr umfassende Literatur über militärische Einheiten der Kriegszeit ist es jedoch erstaunlich, dass v. Zwehls Dienst als Batteriechef im Winterkrieg überhaupt nicht erwähnt wird. Obwohl die Ausführungen mit der Zeit umfangreicher geworden sind, ist diese Übersicht deshalb die erste zusammenfassende Darstellung über v. Zwehl.

---

[216] Verhörprotokoll mit Hans Metzger. (Fundstelle wie Anm. 181) RA St:m/A.

[217] Doktor Otto v. Zwehl. Nekrolog, Hufvudstadsbladet 10.2.1960.

[218] Otto v. Zwehls jordfästning. Notiz, Hufvudstadsbladet 13.2.1960.

[219] Julkunen 1975; Peltovuori 1975; Peltovuori 2005; Hiedanniemi 1980; Paasivirta 1984; Paasivirta 1989; Eloranta-Nummela 2007; Jonas 2008; Jonas 2010; Jonas 2011; Westerlund 2011.

Sie wurde durch seine Erinnerungen ermöglicht, welche sich jedoch nur bis zum Sommer 1941 erstrecken. Die zugängliche Dokumentation über die letzten 19 Jahre seines Lebens war deshalb gering und ermöglicht nicht, ein wenigstens annähernd abgerundetes Bild dieser Zeitspanne zu zeichnen.

Die Erinnerungen Otto v. Zwehls sind vor allem insofern von Bedeutung, als sie ein gutes Bild der Situation der Finnlanddeutschen in den 1920 – 1930er Jahren, von innen heraus gesehen, geben. Sie sind sehr aufschlussreich, da v. Zwehl den wiederholten inneren Reibereien und Personenzwistigkeiten nicht ausweicht, sondern sich im Gegenteil für eine ehrliche und übersichtliche Konfrontation mit ihnen entschied. Von besonderer Bedeutung ist außerdem auch, dass v. Zwehl bisher die einzig bekannte unter den einflussreichen finnlanddeutschen Persönlichkeiten ist, die eingehend nicht nur ihre berufliche Tätigkeit, sondern auch ihre Familienverhältnisse und ihr soziales Leben beleuchtet. In dieser Beziehung unterscheidet er sich von v. Blücher und Metzger, die beide peinlich genau vermeiden, Angaben über ihr Privatleben zu machen.[220] Mit dem zunehmenden Interesse für Personengeschichte innerhalb der Geschichtsforschung werden sich unsere Kenntnisse in dieser Hinsicht vermutlich vermehren, was schon in einer Studie über den finnlanddeutschen Geschäftsmann *Walter Greuling* zum Ausdruck kommt.[221]

Otto v. Zwehl (1894-1960) – sein Wirken und seine Bedeutung

In diesem zusammenfassenden Abschnitt wird eine Übersicht über v. Zwehls Wirken und Bedeutung in Finnland während der fast 40jährigen Periode von 1922–1960 gegeben.

Ausbau von Institutionen und Schaffung eines deutsch-schwedisch-finnischen Netzwerkes. Als v. Zwehl 1922 seine zivile Tätigkeit in Finnland aufnahm, war er gezwungen, nahezu vom Nullpunkt auszugehen. Er hatte keine nennenswerte Position, aber große immaterielle Ressourcen. Er stammte aus einem einflussreichen deutschen Geschlecht und war ein Produkt dessen breiter Kulturtradition, was ihm gute Voraussetzungen gab, sich in seiner persönlichen Situation in Finnland zurechtzufinden. Seine Doktorpromotion war nicht besonders bemerkenswert gewesen, wie er auch selbst zu verstehen gab. Eine große Ressource für ihn war jedoch seine Frau Beate Sophie und insbesondere ihr

[220] v. Blücher 1950; Metzger 1984; Metzger 1986.
[221] Meinander 2005.

Familiennetzwerk mit guten Kontakten zum Kreis der Entscheidungsträger in Wirtschaft und Politik. Seine deutsche Abstammung und seine Sprachkenntnisse machten ihn zu einer gut verwendbaren Kraft für die Kreise der deutschen Geschäftsleute in Helsinki.

Durch Ausnützen dieser Ressourcen erarbeitete sich v. Zwehl ab 1924 innerhalb einiger weniger Jahre eine eigene einflussreiche Position als Syndikus der Deutschen Handelskammer. Eine solche Einrichtung wäre wahrscheinlich auch ohne v. Zwehls Einsatz zustande gekommen, aber er trat bald als zentrale Person auf, die viele Drähte in ihrer Hand bündelte und die Handelskammer zu einer effektiv und systematisch funktionierenden Institution ausbaute. Dass die Deutsche Handelskammer während der 1930er Jahre auf eine erfolgreiche Art die deutschen wirtschaftlichen Interessen in Finnland vertreten konnte und auch als Instrument für mehrere Instanzen in Deutschland auf finnischem Boden funktionierte, war zu einem Großteil v. Zwehls Verdienst. Tatsächlich erfüllte v. Zwehl eine ergänzende Funktion an der Seite des deutschen Botschafters und pflegte gleich diesem die finnisch-deutschen Verbindungen.

Die Botschafter kamen und gingen; während der 15 Jahre, die v. Zwehl als Syndikus wirkte, waren fünf Botschafter tätig. Während deren durchschnittliche Dienstzeit 3-4 Jahre betrug, führte v. Zwehl seine Aufgabe mit einer beträchtlich längeren Kontinuität durch, wobei sich gleichzeitig sein Kontaktnetzwerk, sein Fachwissen und seine Finnlandkenntnisse vertieften. Insgesamt kann man deshalb zu dem Schluss kommen, dass v. Zwehl während der 1930er Jahre in Verbindung mit dem deutschen Botschafter eine Person von zentraler Bedeutung für die deutsch-finnischen Beziehungen war. Er kanalisierte einen deutschen Einfluss in Finnland, der ohne ihn wahrscheinlich einen stärker begrenzten Umfang gehabt hätte und von einem größeren Maße von Zufälligkeiten geprägt worden wäre.

Maria von Zwehls 80. Geburtstag am 1.5.1939. Das Foto wurde auf dem Balkon des Elternhauses v. Zwehls in der Habsburgerstraße im Münchener Stadtteil Schwabing aufgenommen; er stehend in der zweiten Reihe hinter seiner Mutter. Die Mädchen müssten seine Nichten sein, u.a. Hildegund Döderlein sowie Feodora und Hertha v. Zwehl, zusammen mit den Jungen Clemens von Podewills und Hans Karl v. Zwehl.

Vermittler der Finnlandpolitik des nationalsozialistischen deutschen Regimes. Die Machtergreifung des Nazi-Regimes 1933 brachte eine kraftvollere und mehr fokussierte deutsche Finnlandpolitik mit sich. Eine der wichtigsten institutionellen Ausprägungen dieser Entwicklung war die Entstehung der Deutschen Kolonie 1935 und die entsprechende, fast totale Einordnung der anderen in Finnland tätigen deutschen Institutionen und Vereinigungen in den Wirkungskreis der Nationalsozialisten. Eine Folge davon war auch, dass die Einflussnahme durch den deutschen Botschafter kräftig betont wurde; Botschafter v. Blücher wirkte 9 Jahre in Finnland, bevor seine Dienstzeit durch den Waffenstillstand abgebrochen wurde, also viel länger als seine Vorgänger.[222]

Während der Periode 1935–1939 arbeiteten v. Blücher und v. Zwehl beruflich zusammen und standen in regelmäßigem Kontakt zueinander, ohne jedoch nahe und vertraute Freunde zu sein. Ihre Zusammenarbeit war institutionell bedingt, wobei v. Blücher gleichzeitig für das nationalsozialistische Regime vorzugsweise ein Instrument war, während v. Zwehl als nur „halbamtlich" in der Praxis größere Bewegungsfreiheit hatte. Die Tätigkeit von Botschafter v. Blücher und Syndikus v. Zwehl in der Mitte der 30er Jahre kann als nazistisch angehaucht , nach außen hin pragmatisch, nuanciert und für finnische Verhältnisse adaptiert, aber nichtsdesto-weniger von nationalsozialistischen Informationsquellen ausgehend, bezeichnet werden. Botschafter v. Blücher hatte 1934 um Mitgliedschaft in der NSDAP nachgesucht, wurde aber nicht angenommen, während v. Zwehl als

[222] Westerlund 2011, 172-184; Forsén 2012, 150-160. Über v. Blücher: v. Blücher 1950; Jonas 2008; 2010; 2011.

Vierteljude wahrscheinlich keinen Aufnahmeantrag gestellt hatte, da er im Vorhinein wusste, dass man ihn ablehnen würde.

Die Deutschen in Finnland: Lauer Nonkonformismus, aber keine aktive Opposition. In den Jahren 1933–1935 schuf die NSDAP mit Hilfe ihrer Ortsgruppen und lokalen Stützpunkte sowie der zentralen Parteiinstanzen in Berlin ein Netzwerk, das die meisten deutschen Vereine und Institutionen in Finnland umfasste. Die NSDAP war in allen Vereinsvorständen und Institutionsleitungen vertreten. Das Partei-Netzwerk trat jedoch nicht offen auf, sondern wirkte, wie Pfarrer Geert Sentzke es formulierte, „in den Kulissen".[223] Mehrere der Vereine und Institutionen wurden während der nationalsozialistischen Zeit von Parteimitgliedern geleitet. Vorsitzender der Deutschen Kolonie war der Kaufmann *Arnold Brink*, eifriger Nationalsozialist und Parteimitglied seit 1935, aber gleichzeitig ein gemäßigter, reflektierender und geschickter Administrator mit der Gabe, zu vermitteln und seine Organisation zusammen zu halten.[224] Auch die übrigen Leiter waren Pragmatiker. Der Rektor der Deutschen Schule, *Dr. Philipp Krämer*, schloss sich der Partei erst im Herbst 1939 an – wie es scheint, um die Rektorenstelle behalten zu dürfen. Vorher hatte er sich bei konservativer Grundeinstellung in hinhaltender Distanz geübt, ist aber mit seinem Parteieintritt als nationalsozialistischer Mitläufer mit gemäßigter Einstellung zu betrachten.[225] Chef der Mittelstelle Helsinki der Deutschen Akademie war ab 1941 *Dr. Erich Kunze*, ein ehemaliger organisierter Sozialdemokrat am linken Rand der Partei, der aber 1932 Mitglied der NSDAP wurde, was offenbar zu einem guten Teil darauf beruhte, dass es seiner persönlichen Karriere förderlich war. Als Chef der Deutschen Akademie in Helsinki bis 1944 führte er gewissenhaft und loyal seine Parteiaufträge aus; dies auf jeden Fall jedoch ohne großen Enthusiasmus.[226]

Wirklich fest in nationalsozialistischer Hand waren die Deutsche Handelskammer, v. Zwehls Arbeitsplatz und das Büro, das er verwaltete. Die beiden Vorsitzenden zwischen 1934 und 1944 *Heinrich Weidmann* und *Klaus G. Mahnken*, waren beide Parteimitglieder – wie auch mehrere Vorstandsmitglieder und die leitenden Funktionäre *Kurt Buch* und *Alexander Haberzettel;* v. Zwehl war als „Mischling"

---

[223] Sentzke 1972, 186.
[224] Westerlund 2011, 82-83.
[225] Trotz zahlreicher Zeugnisse für eine distanzierte Haltung zum Nationalsozialismus ist Krämers Bild in der Geschichtsschreibung der deutschen Schule insgesamt wohl zu positiv dargestellt worden; zu einer ausführlichen Abwägung s. Westerlund 2011, 150-153. Vgl. auch Forsén 2012, 96-97.
[226] Ibid. 165-166.

eine Ausnahme.[227] Auch in der deutschen Botschaft gehörten mehrere der leitenden Bediensteten der NSDAP an, jedoch nicht Botschafter v. Blücher. Dieser wollte sich allerdings 1934 anschließen, wurde aber von der Partei nicht akzeptiert, wahrscheinlich weil er nicht ohne Grund als stolz auf seinen Stand und opportunistisch angesehen wurde.[228] Es war auch kaum von Vorteil, dass er einem bekannten Adelsgeschlecht angehörte. Keiner der Pfarrer der drei deutschen Kirchengemeinden in Finnland war Parteimitglied, jedoch redigierten sie die gut gestreute Gemeindezeitung „Deutsch-Evangelisch in Finnland" auf eine regimetreue Art und bejahten die nationalsozialistische Politik.[229]

Von den einflussreichen Persönlichkeiten unter den Finnlanddeutschen gehörten somit die beiden Adeligen v. Blücher und v. Zwehl nicht der Partei an – obwohl sie während der 1930er Jahre eine sehr zentrale Stellung innehatten. Wie ist es zu erklären, dass die Partei beide verwarf? Die Erklärung ist, dass beide für das deut-sche Regime äußerst nützlich waren und dessen Politik, wenn auch zum Teil an die finnische politische und kulturelle Landschaft angepasst und in ihren Details gemildert, umsetzten. Weder v. Blücher noch v. Zwehl waren Gegner des nationalsozialistischen Regimes, sie können jedoch als Moderate und Nonkonformisten bezeichnet werden. Sie gehörten einem kleinen Kreis von ursprünglichen Kollaborateuren an, die im Nachhinein desillusioniert wurden und neben ihrer Unterstützung für die nationalsozialistische Herrschaft und deren Politik variierende, milde Formen eines Nonkonformismus zum Ausdruck brachten. Sie waren weder in der Lage noch hatten sie überhaupt die Absicht, die Durchführung der Politik des nazistischen Regimes zu verhindern, aber es konnte ihnen gelingen, die am meisten offenkundigen und brutalen Maßnahmen abzuschwächen, zu bremsen und anzupassen. Nachdem eine Verwässerung und Adaptierung an das lokale und regionale Milieu unzweifelhaft eintraf, war die Wirkung in gewissem Umfang untergrabend.[230]

[227] Ibid. 168-172.
[228] Ibid. 174, 177, 316.
[229] Ibid. 129-136.
[230] McDonough 2013, 813-818.

Jedenfalls sind unter den Finnlanddeutschen überhaupt keine Personen bekannt, die offen gegen den Nationalsozialismus aufgetreten wären.[231] Dies ist nicht weiter verwunderlich im Hinblick darauf, dass weniger als ein Prozent der deutschen Bevölkerung irgendwelchen aktiven Widerstand gegen das nazistische Regime leistete, wohingegen die Unterstützung durch das Volk sehr umfassend war. Unter den Deutschen in Finnland war die Opposition gegen das deutsche nationalsozialistische Regime faktisch nicht vorhanden, da die beiden Kategorien, die in Deutschland den größten Teil des Widerstandes bildeten – Kommunisten und unabhängige Kleingruppen von Arbeitern – hier völlig fehlten.

v.Zwehl zu Pferd mit einem Hund im Arm. Das Bild kann in den Dolomiten oder in Serbien 1915 oder während seiner Zeit in den Karpaten 1916-17 entstanden sein.

Otto v. Zwehls Zenit 1940–1941. Auch wenn v. Zwehl zum Jahreswechsel 1939–1940 freiwillig alle seine finnlanddeutschen Positionen aufgab – und sich seine Lohneinkünfte dadurch stark reduzierten –, begannen die Jahre 1940–1941 sich zum sozialen Höhepunkt seines Lebens zu entwickeln. Sein Einsatz im Winterkrieg brachte es mit sich, dass sein Renommee in den etablierten Kreisen Finnlands außerordentlich stieg. Er konnte zahlreiche Sympathieäußerungen entgegennehmen und wurde in kurzer Zeit vollständig in die finnische Mitbürgergemeinschaft aufgenommen. Die nationalsozialistisch orientierten Kreise schnitten ihn, aber nichtsdestoweniger wurde seine Tat bei einem großen Teil der Finnlanddeutschen insgeheimen bewundert. Für diese war v. Zwehl wie ein Erlöser, der es wagte, durch seine Handlung die Sache Finnlands tätig zu unterstützen, und der die sowjetfeindliche Haltung vertrat, die vermutlich die allermeisten Finnlanddeutschen spontan ausdrücken wollten.

Zweifel innerhalb der Wehrmacht. Die deutsch-sowjetische Zusammenarbeitspolitik während der 22 Monate langen Periode von August 1939 bis Juni 1941 schuf große Angst unter den Finnlanddeutschen, und v. Zwehls „Abtrünnigkeit“ und

[231] Zwar wehrten sich einige Vereine gegen die Gleichschaltung, aber dies richtete sich nicht grundsätzlich gegen nationalsozialistische Vorstöße z.B. zur Diskriminierung von Juden und Kommunisten; ausführlich Forsén 1999, 286-309.

Wechsel zur finnischen Staatsangehörigkeit drücken seine exklusive Art aus, mit dieser Situation umzugehen. Die Reaktion gegen die Politik der deutsch-sowjetischen Zusammenarbeit äußerte sich jedoch auch in anderer und für die Öffentlichkeit verborgener Form. Eine Art geheimes Netzwerk, das Hitlers Politik in Frage stellte, begann, sich im Herbst 1939 zu bilden. Dieses unternahm freilich nichts aktiv, sondern unterhielt – soweit bekannt – nur Kontaktkanäle und vermittelte informelle Information unter Beachtung strikter Vorsicht. Im Mittelpunkt stand Militärattaché Rössing, der jedoch nicht als Leiter bezeichnet werden kann, sondern nur die Rolle der Verbindungsperson erfüllte.

Dem Netzwerk gehörten außer v. Zwehl die Waffenfabrikanten und -händler *Willy Daugs* und *Otto Ehrich* an sowie ab dem Sommer 1941 auch Minister *Erich Zechlin,* der als eine Art zweiter Botschafter in Helsinki tätig war.[232] Er wohnte von 1941–1944 in Ehrichs 12-Zimmer-Villa, der Villa Ehrich, auf Kulosaari (Brändö).[233] Über Zechlin schrieb Daugs: „Ich habe in Finnland aus dem Kreise der deutschen Diplomaten nur mit General Rössing und Minister Zechlin verkehrt, die beide das Nazi-Regime ablehnten."[234] Laut den Aufzeichnungen der Sicherheitspolizei war Rössing Daugs' guter Freund und besuchte oft das Haus Daugs auf Kulosaari.[235] Auch der stellvertretende deutsche Militärattaché in Helsinki von 1941–1942, Major *Silvius v. d. Lancken-Wakenitz v. Albedyl,* als Zivilist Großgrundbesitzer auf Rügen und verheiratet mit der Schwedin *Mary v. Essen,* war ein vorsichtiger Gegner des nationalsozialistischen Regimes.[236] Zumindest v. Zwehl und Daugs waren frühere Freikorpsmänner, vielleicht auch Ehrich und Rössing.

Rössing unterstützte in der Zeit von 1940–1941 v. Zwehl, obwohl die Umstände es mit sich brachten, dass das von diesem aufrechterhaltene Netzwerk nie irgendeine eigentliche Bedeutung gewann. Im Herbst 1941 erkrankte Rössing schwer und starb am 1.2.1942 eines natürlichen Todes durch Herzschlag auf Daugs' Gutshof Wånå in der Nähe von Hämeenlinna (Tavastehus).[237] Daugs flüchtete Ende Juni 1944 überstürzt gemeinsam mit seiner Frau Anna Daugs mit seinem Luxusmotorboot von Helsinki nach Stockholm.[238] Ehrich reiste seinerseits am 1.9.1944 nach Stock-

---

[232] Westerlund 2011, 173.
[233] Information von Hans Erich, Stockholm.
[234] Willy Daugs' Memorandum 14.6.1945. Säkerhetspolisens arkiv. Personakt Willi Daugs. RA, St:m/A.
[235] Etsivä keskuspoliisi -Valtiollinen poliisi (Valpo) [Geheimpolizei - Staatspolizei]. Henkilökortti [Personenkartei-Eintrag] Horst Rössing. KA.
[236] Douglas 1950, 347; Thorsell 2009, 122, 126, 202-203, 206-210; Westerlund 2011, 182.
[237] Kenraalimajuri Horst Rössing. Nekrolog, Uusi Suomi 2.2.1942; Horst Rössing. Vgl. 6 O (5) Saksa f. Ulkoasiainministerön arkisto; Manninen 1994, 313-320.
[238] Wie Anm. 235.

holm.[239] Nach dem finnisch-deutschen Bruch im September 1944 begab sich auch Zechlin nach Stockholm. Er wurde im November 1944 nach Deutschland zurückberufen, wo man ihn verhaftete.[240]

In der Zeit als v. Zwehl im Stab des AOK Norwegen diente, war Oberst *Heinrich Graf zu Dohna-Schlobitten* im Sommer und Herbst 1941 Stabschef des Armeekorps XXXVI, welches im Abschnitt Salla-Alakurtti eingesetzt war.[241] Später, als Generalmajor und nachdem er Finnland verlassen hatte, war er am Attentat gegen Hitler beteiligt, wurde am 21.7.1944 verhaftet, zum Tode verurteilt und in Berlin-Plötzensee am 14.9.1944 erhängt. Im Sommer 1944 gab es in Rovaniemi eine Gruppe deutscher Offiziere, die das Attentat gegen Hitler vom 20.7.1944 unterstützten, ohne dass jedoch bekannt ist, ob sie irgendeinen Anteil daran hatten. Der Landeshauptmann von Lappland, *Kaarlo Hillilä*, bezeichnete die Gruppe als völlig unbedeutend und nahezu fanatisch. Im Juli 1944 sprach er mit einem Vertreter des Kreises und schrieb, dass er den Namen des Offiziers nicht angeben konnte.[242]

Von der Kriegsillusion zur Angst. In v. Zwehls Vorstellungen, die er im Juni 1941 klarlegte, hatte Finnland bisher zwei Verteidigungskriege geführt. Er hatte sowohl am ersten Verteidigungskrieg, dem Krieg des Jahres 1918, wie auch am zweiten, dem Winterkrieg, teilgenommen. Nun stand er bereit, einzurücken und noch an „Finnlands drittem Verteidigungskrieg“ teilzunehmen, den gemeinsamen deutsch-finnischen Vorstößen tief hinein in sowjetisches Gebiet. Vom Standpunkt Hitlers und des Nazi-Regimes aus gesehen wurde dieser größte Angriff der Kriegsgeschichte als „Präventivkrieg“ betrachtet, um für immer die latente Bedrohung, die die Sowjetunion und die russische Nation darstellten, auszuschalten. Er wurde aber später in der deutschen Geschichtsschreibung vorzugsweise als „Weltanschauungskrieg“, ein Euphemismus für verschiedene Formen und Grade des Vernichtungskriegs, bezeichnet. Vom finnischen Standpunkt aus war der Feldzug gegen die Sowjetunion anfangs ein „Entschädigungskrieg“ für das Unrecht des Winterkriegsfriedens oder ganz einfach der „Sommerkrieg“, von dem man erwartete, dass er höchstens so lange dauern würde wie der Winterkrieg.

[239] Bericht 30.8.1946. Personakt Otto Johannes Julius Max Ehrich. Säkerhetspolisens arkiv. RA St:m/A.
[240] Zechlin 1956, 199.
[241] Paananen 1998, 52, 59, 86.
[242] Kaarlo Hilliläs Brief an Generalleutnant A.F. Airo im Hauptquartier 31.7.1944. (Fundstelle wie Anm. 183) KA.

Es gibt nicht viel, was über v. Zwehls Teilnahme am Feldzug von 1941–1944 bekannt ist. Nichtsdestoweniger ist es gut möglich, ein übersichtliches Bild davon zu zeichnen. Wie aus seinen Erinnerungen hervorgeht, war er im Juni 1941 nicht nur sehr stark motiviert, am deutsch-finnischen Angriffskrieg teilzunehmen, er war geradezu erwartungsvoll. Aber sein Kriegsenthusiasmus erhielt wohl ziemlich schnell einen Schlag versetzt, als die deutschen Angriffskeile im September 1941 fast an allen aus finnischer Sicht zentralen Frontabschnitten Leningrad, Kiestinki, am Verman und an der Liza, festgefahren waren. Nach und nach vermehrten sich die Hiobsbotschaften; im Dezember 1941 wurden die deutschen Truppen vor Moskau zurückgeschlagen, 1942 wurden die deutschen Schiffs- und Versorgungstransporte entlang der norwegischen West- und Nordküste immer mehr Angriffen ausgesetzt, im Januar 1943 brachen die Sowjettruppen die Blockade von Leningrad bei Schlüsselburg (finn. Pähkinälinna, schwed. Nöteborg) auf, und im Januar 1944 wurden die deutschen Belagerer ganz aus dem Leningrader Gebiet vertrieben. Der nachfolgende Sommer wurde eine Katastrophe für Deutschland: die Sowjettruppen rückten auf der Karelischen Landenge (finn. Karjalan kannas, schwed. Karelska näset) vor, die deutsche Front in Weißrussland brach zusammen, die westlichen Alliierten landeten in der Normandie, und Estland musste in September aufgegeben werden.

Otto v. Zwehl in seiner Zeit im Bayerischen Pagenkorps, etwa 17 Jahre alt. Die Fotografie wurde in München in den Jahren nach 1910 aufgenommen.

Unauffälligkeit. Die Finnlanddeutschen setzten ihr Leben nach dem Kriegsende im September 1944 – oder, wenn sie interniert worden waren, nach ihrer Freilassung im März 1946 – während der ganzen 1950er Jahre in leiser Zurückhaltung fort. Sie verhielten sich still oder zumindest unauffällig und nahmen in keinem größeren Umfang an der öffentlichen Diskussion oder dem öffentlichen Kulturleben teil. Ein Teil war desillusioniert und resigniert, wich sichtbaren sozialen Kontakten aus, zog sich ins eigene Familienleben zurück und musste sich anstrengen, den Alltag zu bewältigen. Finnlanddeutsche, die während der 1930er Jahre und der Kriegsjahre Nationalsozialisten, Militaristen der rechten Seite, Angehörige der obersten Schichten und Anhänger der Expansion waren, mussten sich auf das „Überwintern" konzentrieren und vor allem vermeiden, Gegenstand der Aufmerksamkeit zu werden.

Nach dem Kriegsende und dem Potsdamer Abkommen der Alliierten im Sommer 1945 entwickelte sich der sog. Kalte Krieg. Dieser hatte kein bestimmtes Anfangsdatum, entfaltete aber bis 1947 bereits eine hohe Intensität. Der neue Gegensatz zur Sowjetunion veranlasste die westlichen Alliierten, ihre früher sehr negative Einstellung gegenüber Deutschen zu überprüfen. Als Folge dieser Überprüfung und des Zusammenhalts der konservativen Eliten in der wieder erlangten Souveränität erhielten eine große Anzahl von Beamten und Offizieren, die im deutschen Regime von 1933–1945 gedient hatten, leitende Stellungen in der westdeutschen Verwaltung. Diese Veränderung ermöglichte auf längere Sicht sowohl v. Zwehls Rückkehr nach Finnland 1949 als auch seine Ernennung zum Handelsattaché der westdeutschen Handelsvertretung in Helsinki 1953. Es galt jedoch während vieler Jahre mit einer gewissen Vorsicht zu handeln und Aktivitäten, die als außenpolitisch bedenklich angesehen werden konnten, zu vermeiden.

* * *

Hiermit ist die Darstellung an ihrem Ende angelangt. Zusammenfassend kann man sagen, dass v. Zwehl ab 1918 zuerst den militärischen und konservativen Einfluss des wilhelminischen Deutschlands und später den des Weimarer Deutschlands auf Finnland kanalisierte und diesen in den finnischen Verhältnissen umsetzte. Auch nach 1933 fuhr er ohne Unterbrechung fort, diese Kanalisierungsfunktion aufrecht zu erhalten, obgleich er danach strebte, die Vorstöße der nationalsozialistischen Epoche zu mildern. Aufgrund der Judenpolitik der NSDAP distanzierte er sich jedoch Ende der 1930er Jahre vom Nazi-Regime, und die praktischen Konsequenzen des deutsch-sowjetischen Einvernehmens im Herbst 1939 bewirkten seinen Schritt zum reichsdeutschen Winterkriegsfreiwilligen. Dies machte ihn für anderthalb Jahre bei den Anhängern des nationalsozialistischen Deutschlands unpopulär, trug ihm aber Hochschätzung seitens der finnländischen und finnlanddeutschen Kreise ein. Der Angriff auf die Sowjetunion im Juni 1941 wurde von den enthusiastischsten Erwartungen begleitet. Otto v. Zwehl teilte diese mit ganzem Herzen, aber das Resultat war, dass sich sowohl der großdeutsche als auch der großfinnische Militarismus im Osten die Hörner abstieß.

Für Deutschland endete der Feldzug mit einer Katastrophe und Finnland war nahe an einem ähnlichen Schicksal.

Auf eine fast unglaubliche Weise erhielt v. Zwehl im Oktober 1944 den Austritt aus der deutschen Armee bewilligt und konnte zu seiner Familie gelangen, die sich nach Schweden begeben hatte. Dort war er gezwungen, sich während einer Zeit von gut vier Jahren als Hausmeister und Hühnerhofarbeiter über Wasser zu halten, da er nicht das Risiko eingehen wollte, das eine Rückkehr nach Finnland für ihn bedeuten konnte. Die Situation in Finnland ermöglichte jedoch diesen Schritt Anfang 1949, nachdem der Frieden von Paris geschlossen worden war, die Alliierte Kontrollkommission schon fast zwei Jahre das Land verlassen hatte und sich die politischen Kräfte, die einige Jahre latent geblieben waren, bei der Parlamentswahl im Sommer 1948 mobilisierten. Unter den neuen Verhältnissen konnte v. Zwehl in sein früheres Tätigkeitsfeld zurückkehren, wenn auch in einer weniger bedeutsa-men Position als jener, die er während der 1920er und 1930er Jahre bekleidete.

v. Zwehl war in München aufgewachsen, wo viele geistige Strömungen, die im Europa des 20. Jahrhunderts große Durchschlagskraft erhielten, seine Lehrjahre beeinflussten. Nach 1910, als er um die zwanzig Jahre alt war, befand er sich bei den kämpfenden Verbänden an den deutschen West-, Süd- und Ostfronten sowie in Finnland. Er lernte früh, sich an wechselnde Arbeitsverhältnisse anzupassen und in verschiedenen Kulturen zu handeln. Den größten Teil seines Lebenswerkes vollbrachte er als Chefbürokrat auf dem Gebiet des Handels und der Kommunikation in Finnland, wobei es galt, aufzuklären, zu vermitteln, zu integrieren sowie Parteien- und Interessengegensätze zu dämpfen. All dies hat v. Zwehl recht erfolgreich bewältigt und auch eine große soziale Anerkennung gewonnen. Der Ausbruch des Winterkrieges erschwerte seine Situation im Verhältnis zu den offiziellen deutschen Kreisen, und wie für hunderte Millionen andere Menschen verschlechterte der Weltkrieg seine persönliche Situation in durchgreifender Weise. Otto v. Zwehl blieb sein ganzes Leben lang ein deutscher Patriot und er fand ein Handlungskonzept, das diese Haltung einigermaßen mit seiner Rolle als konsequenter und aufrichtiger Finnlandfreund vereinigte.

Anhang 1. Otto v. Zwehls deutsche Zeit und sein familiärer Hintergrund in München

Otto v. Zwehls Kindheit und Jugend

Otto v. Zwehl wurde 1894 in eine wohlhabende Familie in München hineingeboren. Das Wohnhaus lag in der Habsburgerstraße im nördlichen Stadtteil Schwabing, der gleichermaßen für seine freie künstlerische Atmosphäre und mondäne Exklusivität bekannt war. Das Wohngebiet grenzte an einen riesigen Landschaftspark, den Englischen Garten, der Ende 1700 angelegt worden war, und die Maxvorstadt mit der Ludwig-Maximilians-Universität und der Technischen Universität. Schwabing war ein kulturelles und politisches Zentrum. Dort lebten zeitweise Schriftsteller wie *Heinrich Mann* (1871-1950), *Thomas Mann* (1875-1955), der österreichische Schriftsteller *Rainer Maria Rilke* (1875-1926) und der jüdische Verfasser *Lion Feuchtwanger* (1884-1958). Zu den bildenden Künstlern im Stadtteil zählten die Maler *Ernst Ludwig Kirchner* (1880-1938), *Paul Klee* (1879-1940) und *Wassily Kandinsky* (1866-1944). Auch ein gewisser aggressiver junger Mann namens *Adolf Hitler* (1889-1945) versuchte dort um 1910 ohne nennenswerten Erfolg, sich als Kunstmaler zu behaupten. Die bekannte satirische Zeitschrift „Simplicissimus" wurde von 1896 an in Schwabing redigiert und ein gewisser russischer Revolutionär namens *Vladimir Il'ič Lenin* (1870-1924) begann nach der Jahrhundertwende 1900 im Stadtteil mit der Redaktion der Zeitung „Iskra". Auch der österreichische Psychoanalytiker, Tiefenpsychologe, Bohémien und Drogenabhängige *Otto Gross* (1877-1920) wirkte in Schwabing.

v. Zwehl gehörte väterlicherseits einem typischen Offiziers- und Beamtengeschlecht an, welches dem Staat mehrere Generationen lang gedient hatte. Sein Vater war der kaiserliche Kammerherr *Theodor v. Zwehl* (1849-1915). Er wurde als 65-jähriger im Sommer 1914 einberufen und zum Infanteriegeneral und kaiserlichen Gouverneur in Lomscha (poln. Łomża) in Polen ernannt. Er starb am 17.10.1915, fünf Tage nach seiner Ankunft, an einer Lungenentzündung, die er sich zuzog, als er bei kalter Witterung in einem offenen Wagen fuhr.[243] Otto v. Zwehls Mutter war *Maria v. Zwehl* (1859-1944), geb. v. Faber du Faur, die ein Alter von 85 Jahren erreichte.

In der Familie des Generals wurden sieben Kinder geboren: Marie, Helene, Hans, Clara, Hertha, Otto und Wolfgang. Die älteste Tochter, *Marie v. Zwehl,* verheiratete

[243] v. Zwehl: Erinnerungen 1940, 60.

sich mit *Hans Graf von Podewills,* und *Helene v. Zwehl* mit Professor *Dr. med. Albert Döderlein*. Sie war bis zum Ersten Weltkrieg Hofdame zweier Töchter der Königin von Preußen und ließ sich danach beim Roten Kreuz zur Krankenschwester ausbilden. Der älteste Sohn, *Hans Karl v. Zwehl* (1884-1966), vermählte sich mit *Elisabeth Baronin v. Friesen* und war bis zum und während des Ersten Weltkriegs Berufsoffizier. Sein Dienstgrad war Oberstleutnant. *Clara v. Zwehl* arbeitete während des Weltkriegs als Rotkreuzschwester, blieb unverheiratet und wurde 1931 Klosterschwester. *Hertha v. Zwehl* heiratete *Arthur Georgi,* war während des Weltkriegs Rotkreuzschwester und absolvierte später die Landwirtschaftsschule in Weihenstephan. *Otto v. Zwehl* (1894-1960) wurde Berufsoffizier, wogegen der Jüngste der Geschwisterschar, *Wolfgang v. Zwehl* (1895-1905) am Down-Syndrom litt und als Zehnjähriger verstarb.

Militärische Ausbildung und Teilnahme am Weltkrieg an West-, Süd-und Ostfront 1914-1917

Otto v. Zwehl wurde 1899 als Fünfjähriger in die Volksschule München eingeschult und als Siebenjähriger 1902 ins Königl. Bayerische Wilhelms-Gymnasium aufgenommen. 1905 trat er als Elfjähriger in das Königl. Bayerische Pagenkorps in München ein und wurde nach fünfjähriger Ausbildung 1912 entlassen. Er war damals 18 Jahre alt, und sein Stammregiment wurde das 1. Bayerische Feldartillerie-Regiment Prinz-Regent Luitpold. 1913 wurde er Fähnrich und diente als solcher kaserniert bis zum Ausbruch des Weltkriegs am 1.8.1914. Zu diesem Zeitpunkt wurde er zum Leutnant ernannt. Er war damals 20 Jahre alt und hochgewachsen (198 cm). Seine Konfession war römisch-katholisch.[244]

Otto v. Zwehls Regiment nahm im Spätsommer und Herbst 1914 an den Kämpfen in Lothringen und an der Somme gegen französische und britische Truppen teil. Im März 1915 wurde er einer neuen Waffengattung zugeteilt, der sog. Gebirgsartillerie. So wurde eine vorzugsweise mit kleinkalibrigen Waffen ausgerüstete und leicht bewegliche Artillerie bezeichnet, die vor allem gebirgigem Gelände angepasst war. Die Geschütze waren meist klein, leicht und demontierbar, um die Transporte, die mit Lasttieren, vor allem Pferden und Mauleseln, durchgeführt wurden, zu erleichtern.

v. Zwehl wurde im Frühling 1915 zum Adjutanten der Bayerischen Gebirgsartillerie-Abteilung 2 ernannt. Der Verband war ein Teil der deutschen Alpenarmee, die vom

[244] v. Zwehl, Otto Julius Theobald. Päällystökortti [Offizierskarte-Eintrag]. KA; v. Zwehl: Erinnerungen 1940, 5.

Mai bis zum Herbst 1915 gegen die italienischen Truppen in den Dolomiten eingesetzt wurde. Danach wurde der Verband verlegt und nahm am deutschen Feldzug gegen Serbien in den Bergen von Montenegro und Albanien nahe der griechischen Grenze teil. Zu Beginn des Jahres 1916 wurde der Verband an die Westfront transportiert, lag zwei Monate im Stellungskrieg bei Reims in Frankreich und nahm im Mai-Juni 1916 an den zermürbenden Kämpfen bei Verdun, im Gebiet um Fort Douaumont und den Bailettewald, teil. Danach wurde der Verband von der Alpenarmee abgetrennt, zur neu geschaffenen Karpatenarmee überführt und der 200. Infanterie-Division unterstellt. Diese marschierte zwei Mal, im August 1916 und Spätsommer 1917, an die rumänische Grenze. Die Division wurde Zeuge des russischen militärischen Zusammenbruchs am Sereth in Galizien im Herbst 1917.

Ab dem Sommer 1916 diente v. Zwehl vor allem als stellvertretender Batteriechef, und im Herbst 1917 nahm seine Division an der 12. Schlacht am Isonzo bei Tolmein (slowen. Tolmin, italien. Tolmino) sowie an den Operationen am Piave und am Monte Grappa in den Bergen teil. Im Dezember wurde er zum Oberleutnant ernannt. Zu Weihnachten 1917 wurde sein Bergartillerieverband an die Westfront nach Lothringen verlegt, jedoch anfangs 1918 nach Danzig transportiert und der Ostsee-Divison unter General *Graf Rüdiger v. d. Goltz* unterstellt.[245]

Militärische Auszeichnungen

Nach dem Weltkrieg war v. Zwehl ein erfahrener und mit Narben dekorierter Veteran, der alle Treffer hatte überleben und alle Strapazen hatte überstehen können. Von den ca. 180 Teilnehmern seines Offizierskurses 1913 fielen 120 oder zwei Drittel.[246] v. Zwehl erhielt eine Reihe von militärischen Auszeichnungen, sowohl deutsche, österreichische und ungarische als auch finnländische. Die erste war das Eiserne Kreuz II. Kl. am 4.2.1915. Diesem folgte das Bayerische Militärverdienstkreuz mit Schwertern am 5.4.1916, das Eiserne Kreuz I. Kl. am 1.12.1917 und das Österreichische Militärverdienstkreuz III. Kl. am 30.3.1918. Außerdem erhielt er am 25.7.1929 die Tiroler Landesdenkmünze 1914-1918, das Ehrenkreuz für Frontkämpfer am 18.1.1935 und die Ungarische Kriegserinnerungsmedaille am 12.4.1936. Des Weiteren erhielt er das von Hitler unterzeichnete Diplom des Olympiaordens 1936.[247]

---

[245] v. Zwehl: Erinnerungen 1940, 5-6.
[246] Ibid. 72.
[247] Wie Anm. 244.

In Finnland erhielt er das Freiheitskriegskreuz III. Kl. am 25.5.1918, die Freiheitskriegs-Gedenkmedaille am 3.7.1919 und die Medaille zur Erinnerung an die Einnahme von Helsinki am 12.4.1938. Für seine Einsätze im Winterkrieg wurde ihm am 25.4.1940 das Freiheitskreuz III. Klasse verliehen. Die Begründung lautete: „Als Anerkennung für seine freiwillige Teilnahme an dem kürzlich beendeten Krieg sowie für persönliche Tapferkeit". Da er bereits gute 20 Jahre früher eine gleich-wertige Auszeichnung erhalten hatte, kommentierte er zufrieden in seinen Erinnerungen: „Nun doppelt genäht, hält besser".[248]

Anhang 2. Beate Sophie Sanmarks familiärer Hintergrund und der Gutshof Håkansböle

Auch *Beate Sophie Sanmark* wurde 1897 in eine wohlhabende, um nicht zu sagen reiche Familie in Helsinki hineingeboren. Ihr Vater, *Arvid Sanmark* (1866-1908) war Beamter bei der Föreningsbank; dessen Vater, der Oberintendant bei der Industrieverwaltung *Carl Gustaf Sanmark*, war 1896 geadelt worden. Aus diesem Grund repräsentierte Arvid Sanmark sein Geschlecht im adligen Stand auf den Landtagen 1897, 1899, 1900, 1904-05 und 1905-1906. Beate Sophies Mutter *Emilia "Lilli" Sanmark* (1873-1918) war eine geborene Antell vom Gutshof Tjusterby in Pernaja. Sie war auch mit den Familien De Geer till Tervik, Munsterhjelm und de la Chapelle verwandt.[249] Die Schriftstellerin *Elsa v. Born* aus Ost-Uusimaa (Östra Nyland) hat eine Biographie über ihre Verwandte *Emilie Antell*, geb. de la Chapelle, verfasst, die Emilia Antells Mutter war.[250]

Beate Sophie Sanmarks Eltern waren 1896 aus Oulu (Uleåborg) nach Helsinki gekommen. Arvid Sanmarks Absicht war es, die Bankbranche zu verlassen und sich hauptberuflich der Landwirtschaft zu widmen. Er war jedoch schwer zuckerkrank und starb mit 42 Jahren. Auch die Mutter starb relativ jung als 45-jährige. Im Jahr 1910 wurde das Sanmarksche Haus in Helsinki, Bulevardi 13, erbaut. In Helsingin pitäjä gab es 21 Gutshöfe.[251] Beate Sophie legte ihr Abitur im Jahr 1916 ab.

---

[248] v. Zwehl: Erinnerungen 1940, 191.
[249] Lilli Sanmark död. Nekrolog, Hufvudstadsbladet 22.10.1918; Paasio 2011, 31-32.
[250] v. Born 1941, 176-208.
[251] Suomenmaa I. Uudenmaan lääni 1919, 105-106.

Der Gutshof Håkansböle

Im Jahr 1905 erwarb die Familie den Gutshof Håkansböle in der Gemeinde Helsingin pitäjä. Das alte Herrenhaus wurde abgerissen und 1906 neu im Jugendstil, entworfen von dem Architekten *Armas Lindgren*, erbaut. Die anderen Gebäude umfassten Stall, Pferdestall, Hühnerstall, Schuppen und Speichern. Die Liegenschaft umfasste 1883 ca. 900 Hektar, wovon 175 Hektar selbst bewirtschaftet wurden, und war für diese Zeit ungewöhnlich modern mit einer mechanisierten Landwirtschaft und automatisierter Kuhhaltung. Das neue Hauptgebäude hatte 16 Zimmer, ebenso viele Kachelöfen und eine Wohnfläche von ca. 600 m^2. In den Jahren um die Jahrhundertwende gab es auf dem Gut außer einem Verwalter, Stall- und Feldarbeitern, Stuben- und Kindermädchen auch einen eigenen Waldhüter. Nach dem Tod ihres Gemahls im Jahre 1908 halfen Lillis Cousin *Axel de la Chapelle* und der Verwalter *Alfred Malmgren* der Witwe, das Gut Håkansböle zu bewirtschaften. Es wurde ein Auto angeschafft, das die Kinder zur und von der Schule brachte. Im Jahr 1915 besaß das Gut 20 Pferde. Die Jugendlichen des Hauses interessierten sich für Laientheater, und die Sanmarksche Theatergruppe wurde in der Umgebung bekannt. Nach dem Kriegsausbruch 1914 wurden von 1915-1917 russische Soldaten, darunter Tscherkessen und Chinesen, in Håkansböle einquartiert, und im Herbst 1917 zog die Familie in das 1910 erbaute moderne und geräumige Sanmarksche Haus in Helsinki, Bulevardi 13 um.[252]

Die Geschwister

Die Familie Sanmark hatte 4 Kinder: Carl (1894-1938), Emelie (1896-1962), Beate Sophie (1897-1979) und Per Kasten (1900-1983). *Carl Sanmark* machte 1913 sein Abitur und engagierte sich als Werber in der Jägerbewegung. Er schloss sich 1918 dem s.g. Pellingekorps an, landete deshalb am 3.4.1918 mit der deutschen Ostsee-Division in Hanko (Hangö) und wurde als Dolmetscher v. Zwehls Batterie zugeteilt. Carl Sanmark war von 1917-1926 als Amanuensis an der Universitätsbibliothek Helsinki tätig und legte 1923 das Examen zum cand.phil. ab. 1929-1930 war er Parlamentsabgeordneter der Schwedischen Volkspartei (SFP) und von 1929-1938 Mitglied der Zentralverwaltung der Partei. In der Zeit von 1925-1935 war er Rektor der Svenska samskola in Helsinki, früher Pontska skolan (Pontsche Schule) genannt. Seit 1922 war er mit *Anita Sanmark*, geb. v. Troil, verheiratet. Anita Sanmarks Elternhaus

---

[252] Nyberg 1956, 140-159; Hagelstam 2003, 35-38; Hako/Hako/Lillbroända 2005, 116-136; Rapola 2005 I; Rapola 2005 II, 78-89; Ylikarhula 2005, 90-101.

befand sich am Pohjoisranta (Norra kajen).[253] *Emelie Sanmark* (1896-) verheiratete sich 1922 mit Oberst *Ulrich v. Wachter* von der bayerischen Armee, den sie anlässlich eines Besuchs in München traf. Das Paar wurde dort ansässig.

Der jüngste Sohn *Per Kasten Sanmark* übernahm den Gutshof Håkansböle 1922. Zu Beginn der 1920er Jahre trat das Gut sechs Katen und vier Kleinhäusleranwesen, insgesamt 128 Hektar, als selbständigen Besitz ab. Am Anfang bewirtschaftete er Håkansböle als mechanisierte und dränierte Großlandwirtschaft mit 5 Traktoren, 100 Kühen, Melkmaschine (ab 1928) und neu angestellten Landarbeitern, für die 1922, 1938 und 1939 spezielle Wohnungen errichtet wurden. Um 1920 züchtete er auch Warmblutpferde, die an die Reiterabteilung der Helsinkier Polizei verkauft wurden. Das moderne Sägewerk des Gutes wurde in den 1930er Jahren zu einem recht bedeutenden Sägebetrieb ausgebaut. Ab 1907 gab es in Håkansböle ein Gewächshaus, und Per Kasten ging in immer größerem Ausmaß zur Gewächshaus Zucht von Schnittblumen wie Nelken, Rosen und Tulpen sowie Topfplanzen wie Narzissen über. 1940 baute er fünf neue Treibhäuser und 1955 weitere drei, womit das mit Glas überdachte Areal 3,4 Hektar umfasste.

Per Kasten heiratet 1932 *Astrid Sanmark*, geb. Belfrage, aus Schweden, wohin er auch Ende der 1930er Jahre umzog. In der Gemeinde Fogdö in Södermanland kaufte er das Gut Hesselbyholm und 1953 Schloss Fiholm, welches im 17. Jh. von *Axel Oxenstierna* in der Gemeinde Jäder errichtet wurde. Die Viehwirtschaft von Håkansböle wurde 1951 aufgelassen. Von 1937-1942 wurden insgesamt 53 Hektar als Grundstücke für Einfamilienhäuser im Wohngebiet Vaarala (Fagersta) verkauft. 1953 kaufte die Grundeinlösungsbehörde des Staates 70 Hektar des Gutes und Per Kasten veräußerte 1954 weitere 250 Hektar an *Göran Ehrnrooth* und 300 Hektar an *Karl Fazer*. In den 1960er Jahren wurde auch an die Wohnungsbaugesellschaft Keskus-Sato Grund verkauft. Per Kasten und später seine Kinder besaßen den Rest von Håkansböle bis 2005; damals wurden sechs Hektar einschließlich der Gebäude an die Stadt Vantaa (Vanda) verkauft.

[253] Carl Sanmark död. Nekrolog, Hufvudstadsbladet 28.11.1938.

Quellen

Archivalien

Berlin

Bundesarchiv Militärarchiv
- Cellarius, Alexander: Manuskripte, Kopien etc.

Helsinki / Helsingfors

Kansallisarkisto / Riksarkivet [Nationalarchiv von Finnland]
- Deutsche Handelskammer in Finnland. Vol. 112
- Herman Gummeruksen kokoelma [Herman Gummerus' persönliches Archiv). Vol. 44
- Suojelupoliisi [Schutzpolizei]. Vieraat kansallisuudet ja ulkomaalaiset Suomessa. Saksalaiset [Fremde Nationalitäten und Ausländer in Finnland. Deutsche] Henkilömappi [Personendossier] Otto von Zwehl
- Etsivä keskuspoliisi Valtiollinen poliisi (Valpo) [Geheimpolizei Staatspolizei]. Henkilökortti [Personenkartei-Eintrag] Horst Rössing
- Suomalais-Saksalainen Seura. Pöytäkirjat [Finnisch-Deutsche Gesellschaft. Protokolle] 1918-19, 1920-31, 1940-44
- Ulkomaalaisen omaisuuden hoitokunta [Verwaltungsdirektion für ausländisches Eigentum]
  - Saksalaisten omaisuusluettelot [Verzeichnisse deutschen Eigentums] Bc:2
  - Luvoutetut pankkitilit [Übergebene Bankkonten] Cc:3
  - Henkilömapisto saksalaisen omistajan mukaan [Alphabetische Personendossiers deutscher Eigentümer] Fe:61
  - von Zwehl, Otto Julius Theobald. Päällystökortti [Offizierskartei-Eintrag]

Ulkoasiainministeriön arkisto [Archiv des Finnisches Außenministeriums]
- Fb:6 Saksa C Henkilöittäin (Deutschland C Dokumente zu einzelnen Personen)
- 6 O (5) Saksa f. [Deutschland f.] Horst Rössing
- Utmärkelser [Auszeichnungen] 49:79 1918-50 Tyska medborgare [Deutsche Staatsbürger]

Stockholm (Marieberg)

Riksarkivet [Staatsarchiv]
- Utlänningskommissionens arkiv [Archiv der Kommission für die Ausländer]. Personakt för [Personendossier] Otto v. Zwehl

Stockholm (Arninge)

Riksarkivet [Staatsarchiv]
- Säkerhetspolisens arkiv [Archiv der Sicherheitspolizei: Personenakten von]:
    - Daugs, Willi Reinhold
    - Ehrich, Otto Johannes Julius Max
    - Metzger, Ivar August Johannes (Hans)

Sonstiges ungedrucktes Material

Manuskripte

Planting, Teemu: Ensio Uotin suomalaissosialismi. Plagiaatti Hitlerin Mein Kampfista? Examensarbeit (pro gradu) in Politischer Geschichte an der Universität Helsinki 2013

Siponen, Jenni: Sata vuotta Helsingin Bulevardilla – asunto-osakeyhtiö Boulevard 11 1903-2003. Examensarbeit (pro gradu) in Wirtschafts- und Sozialgeschichte an der Universität Helsinki 2003

Privatarchiv
- v. Zwehl, Otto: Erinnerungen (abgefasst 1940 mit kleineren Ergänzungen von Juni 1941, 215 S., näheres beim Verfasser)

Mündliche Angaben
- Hans Ehrich, Stockholm
- Michael Faulmüller, Berlin
- Maria Faulmüller, München
- Jan Egil Fjørtoft, Bjugn, Norwegen
- Kai-Uwe Sentzke, Helsinki / Helsingfors

Webadressen
- Hermann Souchon: de.wikipedia.org/wiki/Hermann_Souchon
- Hjalmar Siilasvuo: fi.wikipedia.org/wiki/Hjalmar-Siilasvuo
- Lexikon der Wehrmacht: www.lexikon-der-Wehrmacht
- Mischling: en.wikipedia.org/wiki/Mischling
- Otto v. Zwehl (1894-1960), Beate Sophie v. Zwehl (1897-1979) – Find A Grave Photos: http://www.findagrave.com/cgi-bin/fg-cgi?/page=pv&Grid=73108...
- Suomen ja Saksan sotilasyhteistyö 1940-1941: fi.wikipedia.org/wiki/Suomen_ja_Saksan_sotilasyhteistyö_1940-1941

Literatur

Blücher, Wipert von: Ödesdigra år. Diplomatiska minnen från Finland 1935-1944. Helsingfors 1950. Dt. Ausgabe u.d.T.: Gesandter zwischen Diktatur und Demokratie. Erinnerungen aus den Jahren 1935-1944. Wiesbaden 1951

Boelcke, Willi (Hrsg.): Kriegspropaganda 1939-41. Geheime Ministerkonferenzen im Reichspropagandaministerium. Stuttgart 1966

Bolay, Karl H.: Finnen und Finnländer. Stuttgart 1959

von Born, Elsa: Skönhet och hjärta. Helsingfors 1941

Butz, Hans: Saksalainen tykistö Suomen vapaussodassa. In: Suomen vapaussota 5/6 (1938), S. 222-227

Carlsson, Rune: Tredje rikets herrar. Stockholm 1945

Douglas, Archibald: Jag blev officer. Stockholm 1950

Ekberg, Henrik: Führerns trogna följeslagare. Den finländska nazismen 1932-1944. Helsingfors 1991

Eloranta, Jari / Nummela, Ilkka: Finnish nickel as a strategic metal, 1920-1944. In: Scandinavian Journal of History 32 (2007), S. 322-345

Eräs uusi kansallinen vaara nousemassa. [Verf.: A. K.] In: Suomen Heimo (3) 1925, S. 19-20

Eskelinen, Heikki: Itsenäisyytemme vuosikymmenet 1917-66. Helsinki 1966

IV [Fjärde] nordiska Rotarykongressen i Helsingfors den 1, 2 och 3 juni 1934. Helsingfors 1934

Forsén, Annette: Deutschland, Deutschland über Alles. Tysk föreningsverksamhet i Finland och Sverige 1910-1950. Helsingfors 2012

Forsén, Annette: I Hitlers grepp? De tyska föreningerna i Helsingfors 1933-1935. In: Historisk tidskrift för Finland 84 (1999), S. 274-310

Hakala, Jaakko / Santavuori, Martti: Summa. Kertomus 3. (6.) ja 5. Divisioonan vaiheista talvisodassa 1939-40. Helsinki 1960

Hako, Jaakko / Hako, Senja / Lillbroända, Pia: Kartanomatka Vantaalle. Vantaa 2007

Heinemann, Winfried: Eduard Dietl. Der Lieblingsgeneral des "Führers". In: Die Militärelite des Dritten Reiches. 27 biographische Skizzen. Hrsg. von Ronald Smelser und Enrico Syring. Berlin 1995, S. 99-112

Hiedanniemi, Britta: Kulttuuriin verhottua politiikkaa. Kansallissosialistisen Saksan kulttuuripropagandaa Suomessa 1933-1940. Helsinki 1980

Hoppu, Tuomas: Vallatkaa Helsinki. Saksan hyökkäys punaiseen pääkaupunkiin 1918. Helsinki 2013

Jensen-Eriksen, Niklas: Saksalaisen omaisuuden luovuttaminen Neuvostoliittoon 1946. In: Sotatapahtumat, internointeja ja siirto sodanjälkeisiin oloihin. Toim. Lars Westerlund. Helsinki 2010, S. 135-175

Jokisipilä, Markku: "Hitlerin avulla idän barbaareja vastaan". Tulkintoja suomalais-saksalaisesta aseveljeydestä. Turku 1998

Jonas, Michael: Wipert von Blücher und Finnland. Alternativpolitik und Diplomatie im „Dritten Reich". Helsinki 2008

Jonas, Michael: Kolmannen valtakunnan lähettiläs Wipert von Blücher ja Suomi. Helsinki 2010. Dt. Ausg. u.d.T.: NS-Diplomatie und Bündnispolitik. Wipert von Blücher, das Dritte Reich und Finnland. Paderborn 2011
Jones, Nigel H.: Hitler´s Heralds. The Story of the Freikorps 1918-1923. London 1987
Julkunen, Martti: Talvisodan kuva. Ulkomaalaisten sotakirjeenvaihtajien kuvaukset Suomesta 1939-40. Forssa 1975
Juutilainen, Antti: Rinta rinnan. Suomenruotsalaisten joukkojen sotatiet 1939-1944. Porvoo 1997
Kirschner, Klaus: Flugblätter aus England 1939/1940/1941. Bibliographie. Katalog. Erlangen 1978
Lagerborg, Rolf: Ord och inga visor – Andras och egna – Från ett folkvälde på villovägar. Helsingfors 1946
Lauridsen, John T.: Dansk nazisme 1930-45 – og derefter. København 2002
Lepistö, Jaakko: Yhteinen kymmenenvuotistaipale. Nordische Verbindungsstelle täyttää vuosia. In: Silta 1 (1944), S. 31-34
Lönnqvist, Bo: Skärgårdsbebyggelse och skärgårdskultur i Nyland. Helsingfors 2010
Malm, Carl Wilhelm: Granö-Kalle. Roliga historier från Pernå. Lovisa 1977 (zit. als Malm 1977 I)
Malm, Carl Wilhelm: Granö-Kalle och andra roliga gubbar. Pernå 1977 (zit. als Malm 1977 II)
Manninen, Ohto: Molotovin cocktail – Hitlerin sateenvarjo. Toisen maailmansodan uudelleenkirjoittamista. Helsinki 1994
Manz, Bruno: Fångad av hakkorset. Nazist och soldat i Tredje riket. Lund 2008
Mcdonough, Frank: Resistance inside the Nazi Germany. In: A companion to World War II. Ed. by Thomas W. Zeiler, with Daniel M. DuBois. Chichester, West Sussex 2013, S. 813-824
Meinander, Henrik: Import & industri. Affärsmannen Walter Greuling och Finlands tekniska modernisering. Helsingfors 2005
Metzger, Hans: Kolmannen valtakunnan edustajana talvisodan Suomessa. Helsinki 1984
Metzger, Hans: Poliittiset aseveljet. Kolmannen valtakunnan edustajana jatkosodan Suomessa 1941-1944. Helsinki 1986
Der Mord an Rosa Luxemburg und Karl Liebknecht. Dokumentation eines politischen Verbrechens. Hrsg. von Elisabeth Hannover-Drück und Heinrich Hannover. Frankfurt am Main 1968
Mäkelä, Pentti / Saukkonen, Panu / Westerlund, Lars: Vankileirien ja -laitosten kuolintapaukset. In: Sotaoloissa vuosina 1914-22 surmansa saaneet. Tilastoraportti. Toim. Lars Westerlund. Helsinki 2004, S. 115-133
Nupnau, Eric: Farligt spel. Två års upplevelser i Tyskland under kriget. Helsingfors 1946
Nyberg, Paul: En nyländsk herrgård. Håkansböle gård och dess ägare genom tiderna. Helsingfors 1956
Oertzen, Friedrich Wilhelm von: Die deutschen Freikorps 1918-1923. München 1936
Ollila, Kaija / Toppari, Kirsti: Puhvelista Punatulkkuun. Helsingin vanhoja kortteleita. Helsinki 1998

Paananen, Wellamo: Lottana lippusiimassa. Muistoja Wehrmachtin Lapin esikunnasta. Jyväskylå 1998

Paasio, Arja: Unelmien leikkimökit. Jyväskylä 2011

Paasivirta, Juhani: Suomi ja Eurooppa 1914-1939. Helsinki 1984. Engl. Ausg. u.d.T.: Finland and Europe. The early years of independence 1917-1939. Helsinki 1989

Peltovuori, Risto O.: Saksa ja Suomen talvisota. Helsinki 1975

Peltovuori, Risto: Suomi saksalaisten silmin 1933-1939. Lehdistön ja diplomatian näkökulma. Helsinki 2005

Putensen, Dörte: Im Konfliktfeld zwischen Ost und West. Finnland, der Kalte Krieg und die deutsche Frage (1947-1973). Berlin 2000

Rapola, Eeva: Håkansbölen kartanopuisto, Vantaa. Puistohistoriallinen selvitys ja restaurointiehdotus 2005. Vantaa 2005 (zit. als Rapola 2005 I)

Rapola, Eeva: Håkansbölen kartanon puisto. In: Helsingin pitäjä. Toim. Jukka Hako. Vantaa 2007, S. 78-89 (zit. als Rapola 2005 II)

Rigg, Bryan Mark: Hitler´s Jewish Soldiers. The Untold Story of Nazi Racial Laws and Men of Jewish Descent in the German Military. Lawrence, Kansas 2002

Riksdagen 1925. Handlingar V,2 [Parlament von Finnland 1925. Verhandlungen V,2]; Helsingfors 1925 (finn. Ausg. u.d.T. Eduskunta)

Roselius, Aapo: Saksalaisten henkilötappiot Suomessa vuonna 1918. In: Sotaoloissa vuosina 1918-22 surmansa saaneet. Tilastoraportti. Toim. Lars Westerlund. Helsinki 2004, S.165-176

Roselius, Aapo: Amatöörien sota. Rintamataisteluiden henkilötappiot Suomen sisällissodassa 1918. Helsinki 2006

Schweitzer, Robert: 20 Jahre Deutsch-Finnische Handelskammer. 80 Jahre Deutsch-Finnische Vereinigung. Aus der Geschichte der Handelsbeziehungen zwischen Deutschland und Finnland. Festschrift zur Jubiläumsveranstaltung am 26. September 1998. Lübeck u. Helsinki 1998

Schybergson, Magnus Gottfried: Politische Geschichte Finnlands 1809-1919. Gotha u. Stuttgart 1925

Sentzke, Geert: Deutsche Gemeinde Helsingfors-Helsinki 1858-1971. Geschichte der ev.-luth. Gemeinde deutscher Sprache in Finnland. Helsinki 1972

Sirén, Olle: Pernå sockens historia III.2. Tiden ca 1870-1920. Sociala miljöer – attityder och politik – inbördeskriget 1918. Lovisa 1996

Stenström, Lars: Krigsvägar. Finlandssvenska fältförband 1939-44. Helsingfors 1995

Stillschweig, Kurt: Den nationalsocialistiska antisemitismen. Stockholm 1946

Suomen rotariaanit – Finlands Rotarianer – Rotarians of Finland. Rotary International District N:o 69. Helsinki 1939

Suomenmaa. Maantieteellinen ja historiallinen tietokirja. I. Uusimaa. Helsinki 1919

Thorsell, Staffan: I Hans Majestäts tjänst. En berättelse från Hitlers Berlin och Stalins Moskva. Stockholm 2009

Uola, Mikko: Sinimusta veljeskunta. Isänmaallinen kansanliike 1932-1944. Helsinki 1982
Uoti, Ensio: Näin tahtoi valtiomies, tämän saivat aikaan diletantit. Helsinki 1955
Visapää, Niilo: Viisikymmentä vuotta Rotarya Suomessa. In: Varttuva isänmaa. Finland under femtio år. Helsingfors Rotaryklubbs festskrift. Helsinki 1976, S. 9-18
Waite, Robert G.L.: Vanguard of Nazism. The Free Corps Movement in Postwar Germany 1918-1923. Cambridge, Massachusetts 1952
Westerlund, Lars: Itsetehostuksesta nöyryyteen. Suomensaksalaiset 1933-46. Helsinki 2011
Wette, Wolfram: The Wehrmacht. History, Myth, Reality. London 2006. Dt. Ausg. u.d.T.: Die Wehrmacht. Feindbilder, Vernichtungskrieg, Legenden. Frankfurt 2002 u.ö.
Ylikarhula, Päivi: Jugendhelmi Vantaalla. Håkansbölen kartano matkalla uuteen kukoistukseen. In: Helsingin pitäjä 2005, S. 90-101. Toim. Jukka Hako
Zechlin, Walter: Pressechef bei Ebert, Hindenburg und Kopf. Erlebnisse eines Pressechefs und Diplomaten. Hannover 1956
Zwehl, Hans Karl von: Der Dolchstoß in den Rücken des siegreichen Heeres. Berlin 1921
Zwehl, Hans Karl von: Der Kampf um Bayern 1805. 1. Der Abschluss der bayerisch-französischen Allianz. München 1937
Zwehl, Otto von: Das Münchener Wohnungsamt in seinen Maßnahmen zur Bekämpfung der Wohnungsnot. Würzburg 1921
Zwehl, Otto von: Finnland 1933. In: Osteuropa. Zeitschrift für die gesamten Fragen des Europäischen Ostens 10 (1934/35), S. 225-233 u. 277-286
Zwehl, Otto von: Finnland. Eine politische und wirtschaftliche Übersicht. In: Osteuropa 14 (1938/39) S. 239-249

Zeitungsartikel

- Carl Sanmark död. [Nekrolog] Huvfudstadsbladet 28.11.1938
- Dr. Reinhold Koenning. [Nekrolog] Hufvudstadsbladet 24.3.1956
- Dr. rer.pol. Otto v. Zwehl 60 år. [Notiz] Hufvudstadsbladet 4.4.1954
- Femtioåring. Otto v. Zwehl. [Notiz] Hufvudstadsbladet 3.4.1944
- Femtioåring. Otto v. Zwehl. [Notiz] Hufvudstadsbladet 4.4.1944
- Generalkonsul K.K. Overbeck 50 år. [Notiz] Hufvudstadsbladet 26.8.1959
- Kenraalimajuri Horst Rössing. [Nekrolog] Uusi Suomi 2.2.1942
- Lilli Sanmark död. [Nekrolog] Hufvudstadsbladet 22.10.1918
- Otto v. Zwehl har avlidit. [Nekrolog] Hufvudstadsbladet 9.2.1960
- Doktor Otto v. Zwehl. [Nekrolog] Hufvudstadsbladet 10.2.1960
- Otto v. Zwehl. [Nekrolog] Jakobstads Tidning av signaturen S.M.I. 10.2.1960
- Otto v. Zwehls jordfästning. [Notiz] Hufvudstadsbladet 13.2.1960
- Tysk Finlandsvän på blixtbesök. [Artikel] Hufvudstadsbladet 27.10.1937
- Tysk konsul tar avsked. Tyskan är ett levande språk! [Der deutsche Konsul nimmt

Abschied. Deutsch ist eine lebendige Sprache!] [Interview mit Annemarie v. Harlem] Nya Pressen 12.10.1957
- Vi presenterar. Fil.dr. Annemarie von Harlem. [Interview] Astra nr 11.1959

Ortsregister

Personenregister

Nachwort

Das Nationalarchiv von Finnland hat in den letzten Jahren drei Forschungsprojekte durchgeführt, die das finnisch-deutsche Verhältnis während des Zweiten Weltkriegs wie auch in den ersten Nachkriegsjahren berührten. Die Themen dieser Projekte waren "Kriegsgefangene und Personenauslieferungen 1939-1955" (Krigsfångar och personutlämningar 1939-55), "Internierte deutsche und ungarische Bürger 1944-1946" (Internerade tyska och ungerska medborgare 1944-46) sowie "Kinder ausländischer Soldaten 1940-1947"(Barn till utländska soldater 1940-47). In meiner Funktion als Leiter dieser Projekte hatte ich Anlass, ansehnliche Archivbestände in Finnland, Deutschland, Russland und Schweden durchzusehen.

Im Zusammenhang mit dem Forschungsprojekt habe ich zugleich eine recht umfassende Einsicht nicht nur in die Themenbreite des Projekts selbst, sondern auch im breiteren Sinne in die Interaktion zwischen finnischen und deutschen Akteuren besonders in den dreißiger und vierziger Jahren des 20. Jahrhunderts gewonnen. Das Projekt ist schrittweise geplant und weitergeführt worden, ohne dass im Nationalarchiv von Beginn an ein umfassender Plan bestand, wie so ein weitläufiges Forschungsprogramm umgesetzt werden könnte. Für mich persönlich bedeutete dies, dass ich das Projekt als Dienstaufgabe betrieben habe, ohne dass ich von Anfang an vorhatte, mich auf die finnisch-deutschen Beziehungen dieses Zeitraums zu spezialisieren.

Je mehr ich mich in die verschiedenen Projektthemen einarbeitete, desto stärker fesselte mich das Stoffgebiet, welches mir ja durchaus schon von Anfang gelegen hatte. Da vieles in den finnisch-deutschen Beziehungen während eines Großteils der Nachkriegszeit verdrängt worden war, ist es oft sowohl spannend als auch lohnend gewesen, neue Spuren zu verfolgen und Lücken in der Geschichtsforschung zu füllen. Das Projekt hat mir zudem viele neue persönliche Kontakt verschafft und mich mit einer ganzen Reihe interessanter Menschen – Verfassern und andere Kulturschaffenden – in Berührung gebracht. Im Laufe der Zeit wurde ich immer besser mit den Archivbeständen vertraut und konnte so nach und nach eine Reihe Schlüsseldokumente finden, die die Forschung bisher nicht genutzt oder nicht gekannt hatte. Infolge meines Interesses, Archivalien aufzuspüren, wurde ich – abgesehen von diversen anderen mehr oder minder unbekannten Dokumenten – der ausführlichen Memoiren gewahr, die Dr. Otto von Zwehl 1940-1941 verfasst hatte.

Beim Erscheinen der Biographie von Zwehls möchte ich nun Dank abstatten an den Drehbuchautor Michael Faulmüller. Er hat mir Zugang zu den Erinnerungsaufzeich-

nungen seines Großvaters mütterlicherseits verschafft, und mich auch weiterhin mit Hintergrundinformationen versehen. Wir wurden schnell Freunde und unternahmen neben den Treffen in Berlin auch Bootsausflüge und Streifzüge um die Bucht von Pernå herum. Mein Dank gilt auch der Aue-Stiftung, die die vorliegende Biographie in ihre Schriftenreihe aufgenommen hat. Gerne danke ich auch der Übersetzerin Helen Nygård sowie Dr. Robert Schweitzer und Dr. Uta-Maria Liertz, die die Verantwortung für die praktische Redaktionsarbeit an der Biographie übernommen haben, für die angenehme Zusammenarbeit.

Helsingfors, 30. August 2015

Lars Westerlund